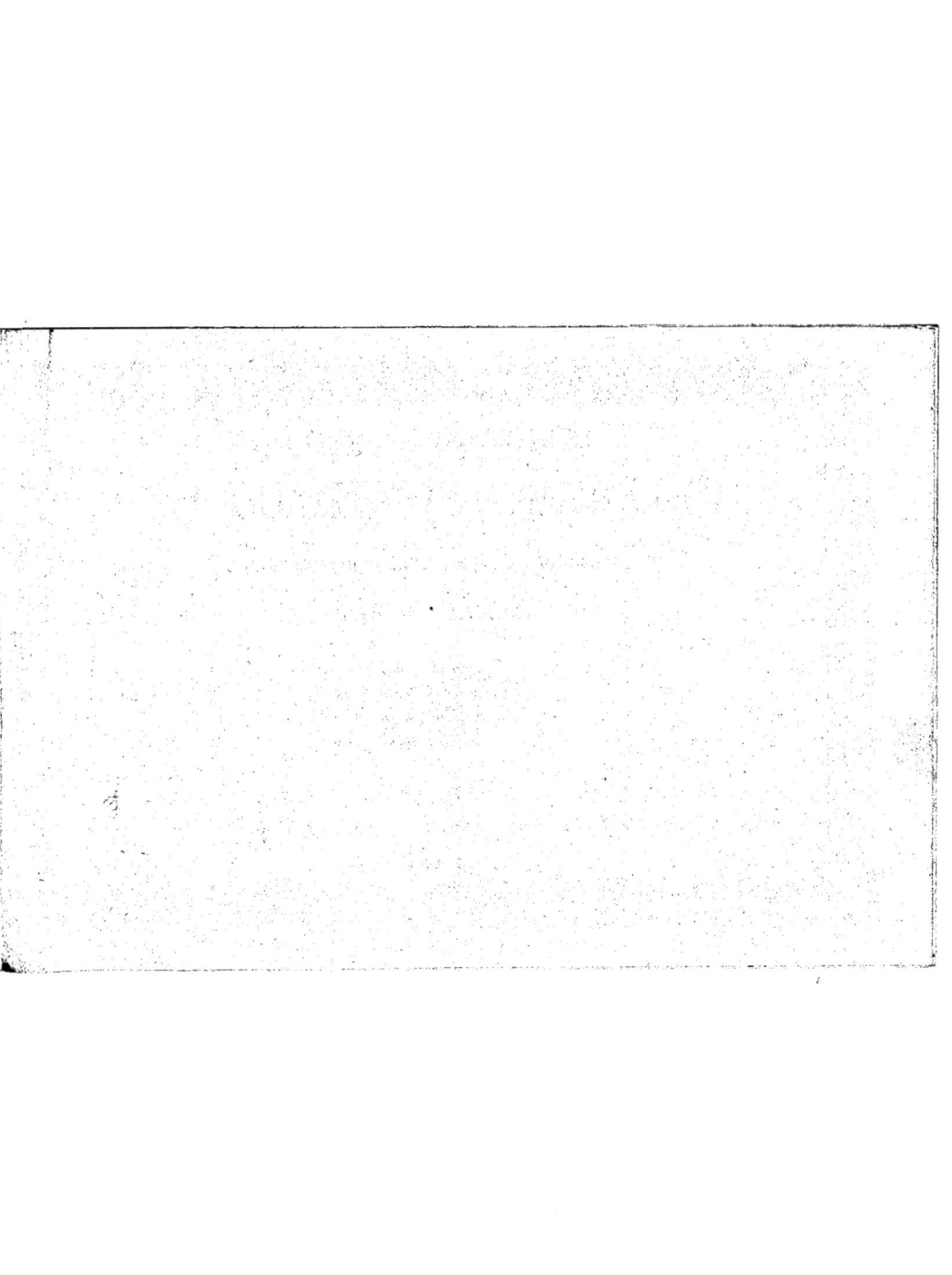

COURS D'HISTOIRE
A L'USAGE DE L'ENFANCE,

COMPOSÉ POUR MESDEMOISELLES DE SÉGUR,

PAR Mlle PASCAL.

1re livraison

PARIS.

GOUJON ET MILON, LIBRAIRES, RUE DU BAC, N° 33.

1839.

COURS D'HISTOIRE

A L'USAGE DE L'ENFANCE,

COMPOSÉ POUR MESDEMOISELLES DE SÉGUR,

PAR Mlle PASCAL.

PARIS.

LIBRAIRES, RUE DU BAC,

COURS D'HISTOIRE
A L'USAGE DE L'ENFANCE,

COMPOSÉ POUR MESDEMOISELLES DE SÉGUR,

PAR MLLE PASCAL.

PARIS.

GOUJON ET MILON, LIBRAIRES, RUE DU BAC, N° 33.

1839.

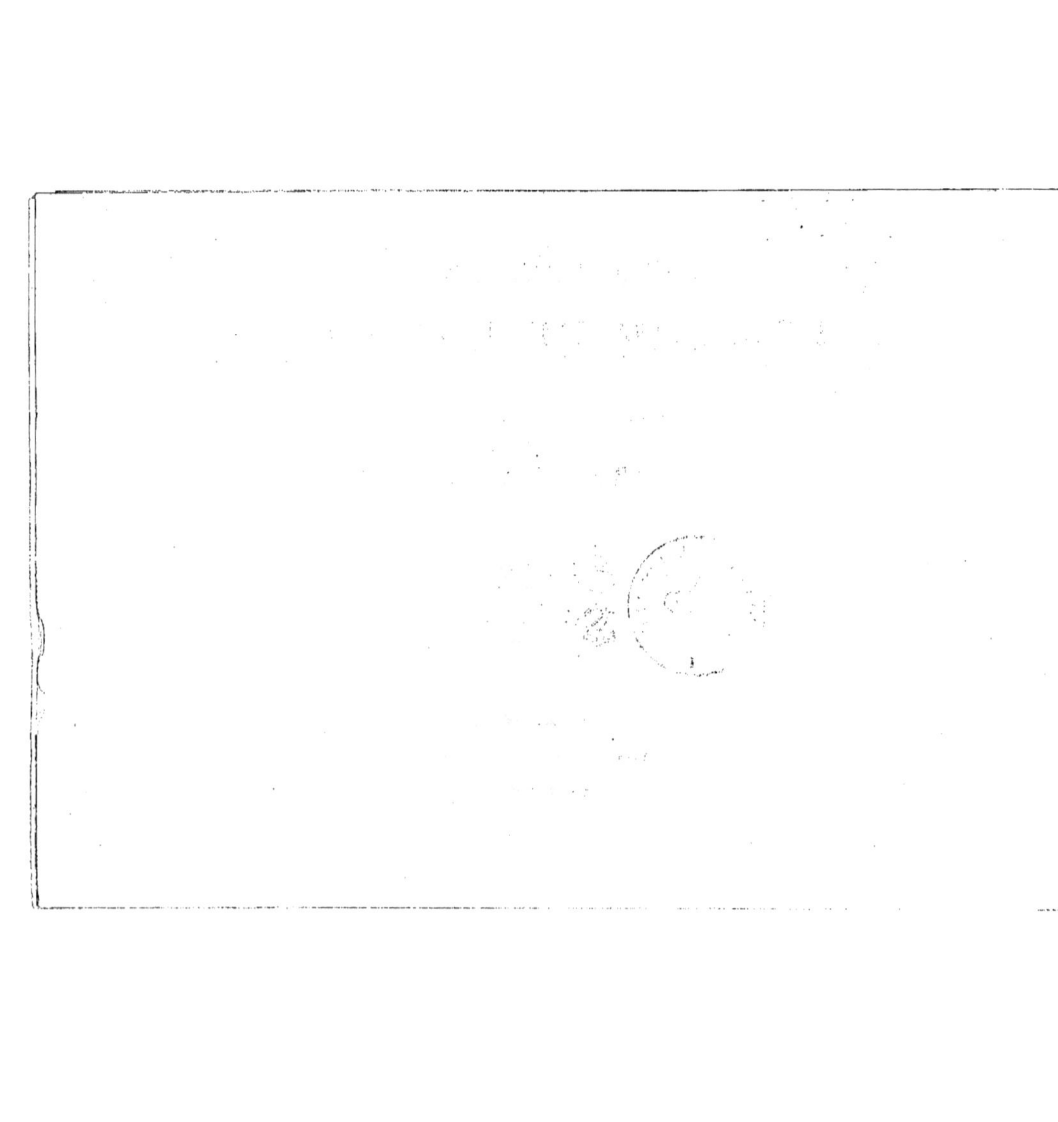

A Mesdemoiselles

Nathalie, Sabine et Henriette de Ségur.

C'est pour vous, mes chères Elèves, que ces petits tableaux historiques ont été composés. Vingt-quatre ans consacrés à l'enseignement ne m'auraient guère laissé de temps à écrire, quand même j'en aurais eu le désir. Les progrès rapides que je vous vois faire en histoire, depuis que j'ai composé ces tableaux, m'ont fait croire qu'ils pourraient être utiles à d'autres enfans de votre âge; c'est pourquoi je me décide à les publier, mon expérience m'ayant fait reconnaître l'avantage de cette méthode, à la fois simple et facile, qui comble une lacune dans les livres d'éducation destinés au premier âge. J'espère que le public accueillera avec bienveillance la publication de cet ouvrage, dont je me plais, mes chères Elèves, à vous reporter la première idée, comme le témoignage de mon entier dévouement.

Ags Pascal.

HISTOIRE SAINTE.

HISTOIRE ANCIENNE.

L'an 4963 avant Jésus-Christ, premier âge du monde, jusqu'à l'an 3308 avant Jésus-Christ, contient 1665 ans.

DIEU. CHAOS.

ADAM. ÈVE.

CAÏN. ABEL. SETH.

Enfans des hommes. — Enfans de Dieu.

ÉNOCH. — ÉNOS.

Petits-fils de Caïn. { JUBAL, musique. TUBAL-CAÏN, fer, airain. ROÉMA, étoffes.

Noé était un des petits-fils de Seth.

FAITS DÉTACHÉS.

Chute de l'homme; mort d'Abel.

Énos, fils de Seth, enlevé au ciel.

La première ville fut bâtie par Caïn : il l'appela Enochia.

Dix patriarches depuis Adam jusqu'à Noé.

L'an 3308 avant Jésus-Christ, jusqu'à l'an 2868, contient l'espace de 540 ans, depuis le déluge jusqu'à la vocation d'Abraham.

NOÉ.

Sem.	Cham.	Japhet.
Asie.	Afrique.	Europe.
Les Hébreux.	Les Africains.	Français.
	Les Égyptiens.	Allemands.
	Les Chananéens.	Russes.
		Anglais.

FAITS DÉTACHÉS.

NOÉ plante la vigne; il maudit Cham; tour de Babel; confusion des langues, et dispersion des peuples.

Dix patriarches depuis Noé jusqu'à Abraham :

Noé, Sem, Arphaxad, Caïnam, Salé, Héber, Phaleg, Sarug, Nachor, Tharé.

Depuis la vocation d'Abraham, l'an 1921, jusqu'à la mort de Moïse, 1451 avant Jésus-Christ.

AGAR.

ISMAËL.

Il eut douze fils qui furent pères des douze tribus d'Ismaélites ou Arabes.

ABRAHAM. SARA.

ISAAC épouse REBECCA.

ÉSAÜ. JACOB.

JACOB épouse LIA et RACHEL.

Siméon, Lévi, Juda, Dan, Nephtali, Gad, Aser, Issachar, Zabulon, Dinah, Ruben.

Joseph et Benjamin.

FAITS DÉTACHÉS.

Ésaü vend son droit d'aînesse pour un plat de lentilles. Formation des nations. Commencement de l'idolâtrie. Les Chaldéens astronomes.

Lot se retire à Sodome où il est fait prisonnier par Chodorlahomor, roi des Élamites ; il est délivré par Abraham. Melchisédech, roi de Salem, grand-prêtre. Sodome est brûlée : on y voit aujourd'hui le lac Asphaltite ou mer Morte.

Sacrifice d'Isaac.

Joseph, vendu par ses frères, est mené en Égypte, emprisonné par Putiphar : il explique les songes du panetier et de l'échanson, ensuite celui de Thoutmosis, roi d'Égypte.

Pardonne à ses frères, les établit en Égypte avec son père. Après sa mort les Hébreux sont persécutés par Aménophis, qui fait jeter tous leurs enfans mâles dans le Nil.

JACOB.

LÉVI.

CAATH.

AMRAM.

Moïse. Aaron. Marie.

Gouvernement théocratique.

AARON, grand-prêtre.

Nadab. Abiu.

FAITS DÉTACHÉS.

Moïse, exposé sur le Nil, en est retiré par la fille d'Aménophis. Il tue un Égyptien, et se sauve chez Jéthro dont il épouse la fille.

Plaies d'Egypte : il y en eut dix.

Institution de la Pâque.

Aménophis est noyé dans la mer Rouge.

Moïse fait sortir de l'eau d'un rocher. Il nourrit les Israélites de manne.

Commandemens de Dieu.

Aaron, premier pontife.

Révolte des Israélites. Ils sont condamnés à rester quarante ans dans le désert.

Moïse meurt sur le mont Nébo.

Josué succède à Moïse.

Passage du Jourdain.

Job, descendant d'Esaü, est connu par ses vertus et surtout par sa patience.

Depuis la mort de Moïse 1451, jusqu'aux Rois des Juifs 1080.

Av. J.-C. 1451 JOSUÉ. JUGES D'ISRAËL : Othoniel. Ahod. Déborah et Barac. 1348 GÉDÉON. Abimélech. Tola et Jaïr. Jephté. 1172 Samson. Héli. Samuël.	SAMSON était fils d'Elyma et de Manué, de la tribu de Dan. HÉLI, grand-prêtre, eut deux fils, Ophni et Phinées. SAMUËL était fils d'ECANA et d'ANNE.	GÉNÉALOGIE DE DAVID. ELIMEC épouse NOÉMI. Mahalon épouse Ruth. RUTH épouse en 2es noces Booz. Obed. ISAÏ épouse JOSSÉ. David. Salomon. Roboam.	FAITS DÉTACHÉS. Prise de Jéricho. Rahab seule est sauvée. Achan lapidé. Josué arrête le soleil. Jahel tue Sizara, général de Jabin, roi des Chananéens. Gédéon fait la conquête des Madianites. Abimélech se fait tuer par un de ses écuyers. Vœu de Jephté. Samson tue mille Philistins avec la mâchoire d'un âne. Sa femme Dalila le livre aux Philistins, qui lui crèvent les yeux. Il s'ensevelit avec trois mille Philistins. Le grand-prêtre Héli meurt de douleur en apprenant la mort de ses fils.

Depuis les Rois d'Israël l'an 1080, jusqu'à la fin de la captivité des Juifs à Babylone l'an 536 avant Jésus-Christ.

SAÜL.

Jonathan.
Isobeth.
Michol.

DAVID épouse BETHSABÉE.

Adonias.
Salomon.
Absalon.
Amnon.
Thamar.

Av. J. C.
1095 SAÜL.
1055 DAVID.
1015 SALOMON.

PROPHÈTES	EN MÊME TEMPS QUE
Balaam. Déborah.	Moïse.
Samuël.	Saül.
Nathan.	David.
Elie.	Achab.
Elisée.	Joas.
Isaïe.	Manassé.
Jonas.	Joatham.
Jérémie.	Josias.
Daniel. Malachie.	Balthasar.

FAITS DÉTACHÉS.

Saül devient fou. David le calme en jouant de la harpe. Il tue le géant Goliath. Il épouse Michol. Saül et Jonathan sont tués à la bataille de Gelboé.

David danse devant l'arche; il compose les Psaumes. Absalon se révolte; il est tué par Joab.

Jugemens de Salomon. Temple de Jérusalem. Son royaume est divisé, à sa mort.

Jonas désobéit à Dieu; par humilité, il reste trois jours dans le ventre d'une baleine.

DE JUDA.	A. M.	D'ISRAEL.	A. M.	FAITS DÉTACHÉS.
Roboam	975	Jéroboam Ier	975	Les tribus de Benjamin, de Juda et de Lévi restèrent fidèles à Roboam; elles conservèrent le culte du vrai Dieu, tandis que Jéroboam et les autres tribus devinrent idolâtres.
Abias	946	Nadab, tué par	943	Achab fait mourir Naboth et ses enfans. Achab est tué dans une bataille. Jéhu fait jeter Jézabel par la fenêtre; elle est mangée par des chiens.
Asa	944	Baasa qui régna vingt ans	942	Athalie fait égorger tous les princes de la famille de David. Josabeth sauve le petit Joas, et l'élève dans le temple. Athalie est mise en pièces par la populace.
Josaphat	904	Ela, tué par	919	Joas devient ingrat; il fait mourir Zacharie, fils de Josabeth. Manassès fait mourir Isaïe.
Joram, Athalie	880	Zambri qui régna huit jours	919	Joachim Ier mené captif par Nabuchodonosor II.
Ochosias	883	Amri	918	La captivité des Juifs terminée par Cyrus, roi des Perses, qui renvoya dans leur pays les Juifs qui désirèrent y retourner, sous la conduite de Jorobabel.
Joas	876	Achab, Jézabel	907	Tobie épouse Sara, fille de Raguel.
Amazias	870	Ochosias, Joram, Athalie	887	Judith tue Holopherne, général des Assyriens.
Azarias	831	Jéhu	876	Ananias, Misaël et Azarias sont mis dans une fournaise ardente; Daniel dans la fosse aux lions.
Joathan	803	Joachaz	848	Achab persécute le prophète Elie, qui se retire dans un désert, où il fut nourri par des corbeaux; il fut enlevé au ciel tout vivant, et comme il montait sur les nuages, il jeta son manteau à son disciple Elisée.
Achaz	752	Joas	832	Job se rendit remarquable par sa patience.
Ezéchias	737	Jéroboam II	817	
Manassès	723	INTERRÈGNE	776	
Amon	694	Zacharie, tué par	767	
Josias	640	Sellum, qui fut tué à son tour par	766	
Joachaz	639	Manahem	766	
Son frère	608	Phacéjas régna vingt ans	754	
Joachim Ier, première captivité dure 70 ans.		Phacée	753	
Joachim II, seconde captivité	597	INTERRÈGNE de neuf ans.		
Sédécias	597	Osée est mené prisonnier en Assyrie par Salmanazar	726	
Fin du royaume		Fin du royaume d'Israël, qui avait duré deux cent vingt-quatre ans.		
Détruit par Nabuchodonosor II, roi d'Assyrie.				

Depuis la fin de la captivité, l'an 536 avant Jésus-Christ, jusqu'à la naissance de Jésus-Christ.

ISRAÉLITES.	ÉGYPTIENS.	MACÉDONIENS.	ASSYRIENS.	PERSES.	SYRIENS.	FAITS DÉTACHÉS.
Zorobabel. 536 Jaddus. 332 MATHATIAS. Judas-Machabée. Jonathas. SIMON. Jean Hyrcan. La royauté rétablie l'an 141 avant J.-C. ROIS. Aristobule. Hérode, petit-fils d'Antipater.	Ptolémée-Soter.	Alexandre-le-Grand. Après sa mort, son royaume est divisé.	Balthasar. Séleucus.	Cyrus. Assuérus ou Darius Ier } Esther.	Antiochus-Épiphane. Séleucus-Nicator.	Esther, à l'instigation de son oncle Mardochée, obtient la grâce des Israélites. Aman est pendu. Jaddus ouvre les portes de Jérusalem à Alexandre. Antiochus - Epiphane place la statue de Jupiter-Olympien dans le temple de Jérusalem. Judas-Machabée reprend la ville de Jérusalem. Son frère Simon rend la liberté aux Juifs; pour le récompenser, ils établirent que la dignité de grand-prêtre resterait dans sa famille. Aristobule fait mourir sa mère. Pompée l'ayant fait prisonnier, l'envoya à Rome avec toute sa famille, et rétablit Hircan II, avec le titre de grand-prêtre seulement.
Naissance de J.-C.	Octave-Auguste était empereur de Rome.					

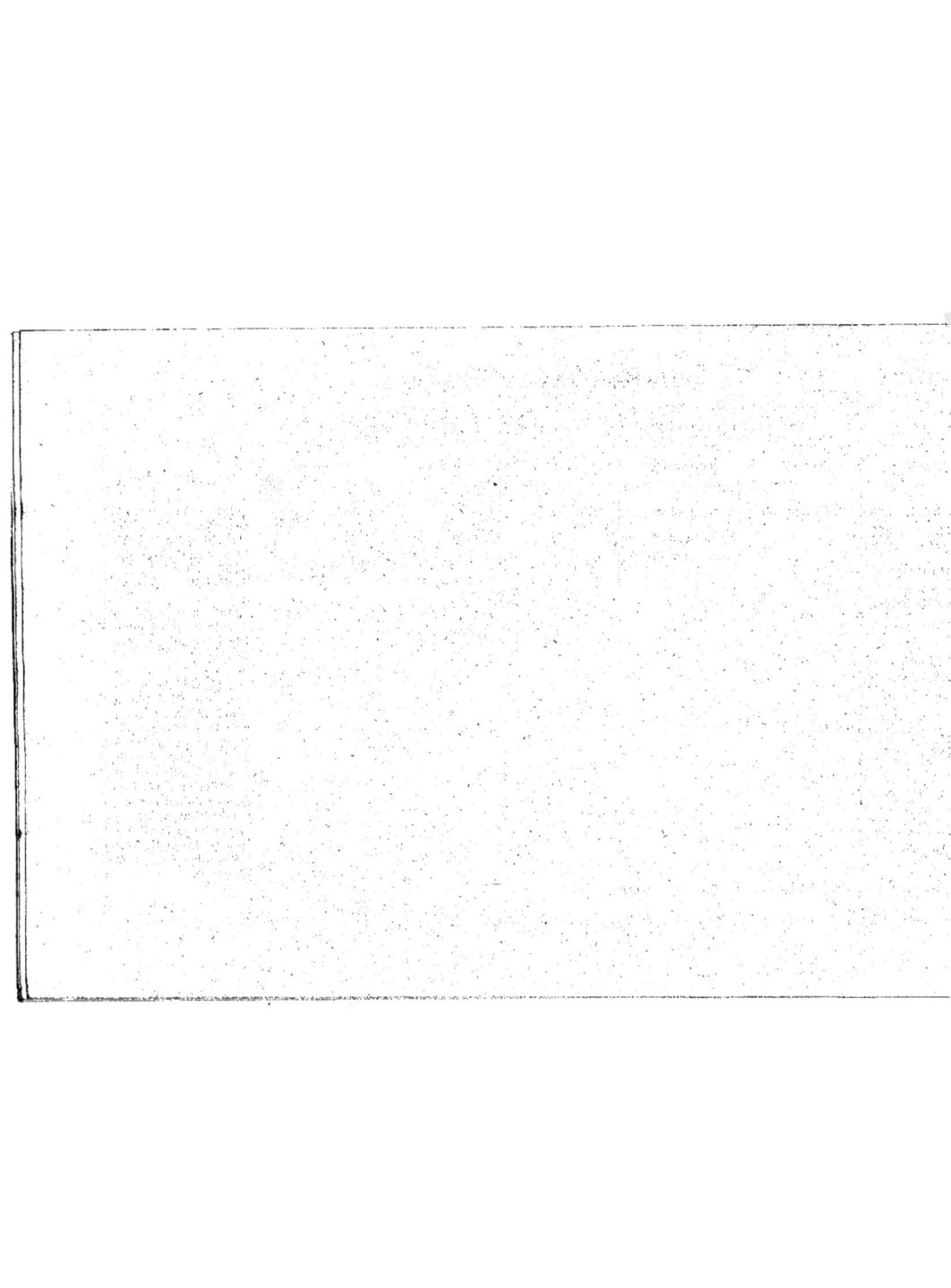

ÉGYPTE.

Av. J.-C.	
2233	Ménès.
	Timaüs.
2075	Salatis. (Six rois; ils régnèrent trois cents ans.)
	Thoutmosis, roi de Thèbes.
2040	Mœris.
1665	Aménophis.
1485	Sésostris.
656	Psammitique.
617	Néchao.
570	Amasis.
525	Psammenite.
	Conquête de l'Égypte, par Cambyse, roi de Perse
	LES LAGIDES.
301	Ptolémée-Soter.
284	Ptolémée-Philadelphe.
246	Ptolémée-Evergète.
221	Ptolémée-Philopator.
204	Ptolémée-Epiphane.
180	Ptolémée-Philométor.
161	Ptolémée-Physcon.
117	Ptolomée-Lathyre.
51	Cléopâtre.

FAITS DÉTACHÉS.

Ménès ou Misraïm, fils de Cham, fonda l'empire d'Egypte.

Les Egyptiens adoraient Osiris et Isis, le bœuf Apis, le chien Anubis, le chat, l'ibis, le crocodile et l'ichneumon. Jugement des morts; momies. Ils sont conquis par un peuple inconnu qu'on nomme *Pasteurs*, à cause de leurs troupeaux. Leur chef Salatis s'établit à Memphis. Après lui, cinq autre rois Pasteurs. Ils sont chassés par Thoutmosis, qui avait toujours gouverné à Thèbes. Agriculture, lac pour recevoir les eaux du Nil, hiéroglyphes, pyramides, obélisques, labyrinthe, phœnix.

La perfidie d'Amasis qui envoya à Cyrus, Niétis, fille d'Apiès, qu'il avait fait déposer, causa la chute de l'antique monarchie de Ménès. Son fils Psammenite est vaincu par Cambyse. Il est le dernier des rois d'Égypte.

Après la bataille d'Ipsus, Ptolémée Soter, fils de Lagus, roi.

Ptolomée-Philopator fait mourir son père, sa mère Bérénice et son frère.

L'Égypte réduite en province romaine par Octave-Auguste, sous Cléopâtre qui se donne la mort pour éviter de tomber entre les mains d'Octave, après la bataille navale d'Actium où Marc-Antoine fut vaincu.

L'empire des Assyriens fut fondé par Nemrod, un des descendans de Cham, vers l'an 2000 avant Jésus-Christ.

Av. J.-C.		
2233	NEMROD.	
1968	Ninus.	Sémiramis.
1916	Sémiramis seule.	
	Ninyas.	
	Trente rois.	
840	Sardanapale.	

L'empire des Assyriens divisé en

Av. J.-C.	Médie.	Babylone.	Ninive.
821	Arbace.	821 Belesis.	777 Phul ou Sardanapale II.
		747 Nabonassar.	Teglath.— Phalasar.
		Messessis-Mordacus.	Salmanasar.
		Nabopolassar.	Senacherib.
			680 Assarhaddon.
			604 Nabuchodonosor Ier.
			Sarac.

Nabopolasar détrône Sarac, et réunit les deux royaumes en un seul.

FAITS DÉTACHÉS.

Nemrod-le-Chasseur fonda les villes de Babylone et de Ninive. Après sa mort, il fut adoré sous le nom de Belus ou Bel.

Secondé par les Arabes, Ninus se rend maître de l'Asie. Sa femme le fait mourir. Elle fait bâtir le temple de Belus, les jardins suspendus, termine les murailles de Babylone commencées par Nemrod, bâtit un pont sur l'Euphrate. Elle apaise une révolte de ses soldats. Craignant l'accomplissement de l'oracle, elle se renferme dans la tombe de Ninus, où elle meurt.

Sardanapale, roi efféminé, se brûle avec ses femmes et ses trésors, pour éviter de tomber entre les mains d'Arbace, qui l'assiégeait dans son palais. Avec lui finit le premier empire des Assyriens.

Trois royaumes s'élevèrent sur ses débris :

1° Celui de Babylone, où Belesis forma une espèce de république ;

2° Celui de Ninive, dont Phul fut déclaré roi ;

3° Celui de Médie ; Arbace ne donna pas de forme à son gouvernement, ce qui causa de grands troubles.

Le second empire des Assyriens finit avec Balthasar, qui fut vaincu par Cyrus ; il avait duré 221 ans depuis Phul ou Sardanapale.

La Médie fut fondée par Arbace, 821 ans avant Jésus-Christ.

Av. J.-C.	
821	ARBACE.
	INTERRÈGNE.
710	DÉJOCÈS.
690	Phraortes.
635	Cyaxare Ier.
595	Astyages.
560	Cyaxare II.

Cyrus, à la mort de Cyaxare, réunit la Médie à la Perse.

FAITS DÉTACHÉS.

A la mort d'Arbace, il y eut un interrègne de vingt-sept ans.

Déjocès, élu roi, bâtit la ville d'Ecbatane.

Phraortes attaque les Perses, qui appellent à leur secours Nabuchodonosor Ier. Phraortes, fait prisonnier, est tué à coups de flèches.

Cyaxare Ier se présente devant Ninive.

Les Scythes envahissent la Médie.

Cyaxare Ier est obligé de prendre la fuite.

Les Mèdes massacrent les Scythes. Par cette trahison, Cyaxare remonte sur le trône; il prend Ninive.

Cyrus vient voir son grand-père Astyages, qu'il étonne par sa sobriété.

Cyaxare II appelle Cyrus à son secours contre les Babyloniens.

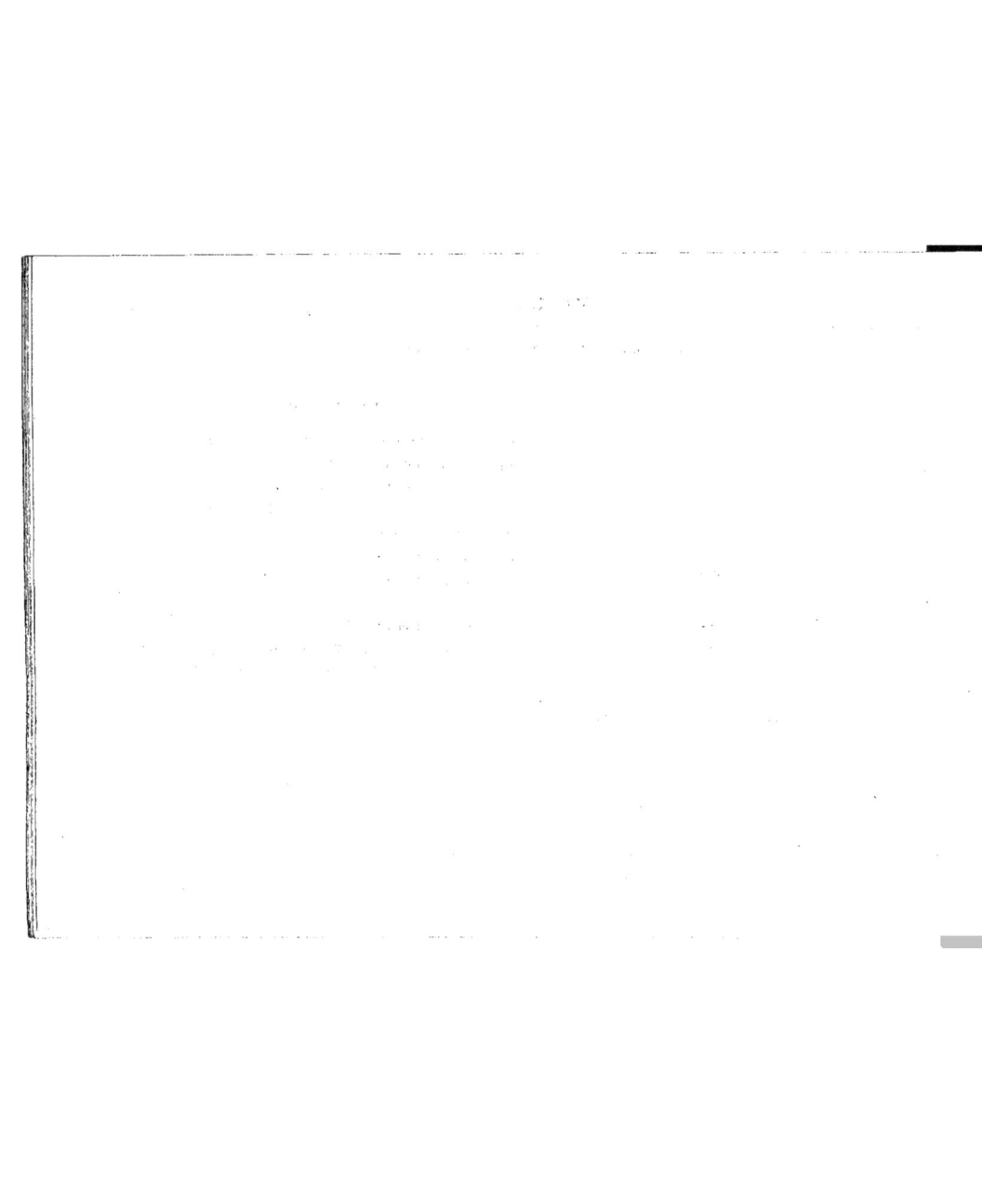

Av. J.-C.		
	ACHÉNÈS.	
576	Cambyse épouse Mandane.	
539	Cyrus.	
529	Cambyse.	
522	Smerdis-le-Mage.	
521	Darius, fils d'Hystaspes.	Atossa.
486	XERXÈS Ier.	Amestris.
465	Artaxerce-Longue-Main.	
424	Darius-Nothus.	Parysatis.
405	Artaxerce-Mnémon.	Statira.
360	Ochus.	
338	Arsès.	
336	Darius-Codoman.	

Fin du royaume de Perse renversé par Alexandre-le-Grand, à la bataille d'Arbelles. Il avait duré 205 ans.

FAITS DÉTACHÉS.

Mandane, fille d'Astyages, roi de Médie, épouse un roi de Perse. Elle fut la mère de Cyrus, un des plus grands rois de l'antiquité. Cyrus fonda un puissant empire, conquit les Babyloniens, les Lydiens, et réunit la Médie à la Perse, par la mort de son oncle Cyaxare II. Cyrus vainquit Crésus, roi de Lydie, à la bataille de Timbrée; il institua les postes et divisa ses états en cent vingt provinces. Son fils Cambyse ne lui ressemblait en rien. Il conquit l'Egypte; fit mourir son frère Smerdis.

L'imposture du faux Smerdis est découverte par sa femme Phédime, fille d'Otanes; il est assassiné par sept seigneurs. Massacre des Mages. L'un de ces seigneurs, nommé Darius, se fait déclarer roi par un stratagème. Il établit les Satrapes. Son médecin Démocède le guérit, ainsi que sa femme Atossa. Il demande pour récompense à retourner en Grèce; Darius lui permet d'y retourner accompagné de quinze seigneurs; il s'échappe de leurs mains et ne revient plus.

Xerxès Ier était un prince très faible. Il permit à Amestris de faire mourir son frère Mariste et toute sa famille. Xerxès fut poignardé par Artabane, qui courut aussitôt près d'Artaxerce, et accusa Darius d'avoir commis ce parricide. Artaxerce tua son frère. Il découvrit la perfidie d'Artabane, et le fit mourir. Son frère Cyrus se révolte contre lui. Cyrus a pour auxiliaire les Grecs; ils sont vaincus à la bataille de Cunaxa, près Babylone. Cyrus s'étant précipité sur son frère pour le tuer, reçoit lui-même la mort. Retraite des dix mille. Ochus fait mourir tous ses parens. Sisygambis parvient à se sauver avec son fils de ce massacre. Ochus est tué par Bagoas, qui met sur le trône Arsès. Il le dépose ensuite pour faire roi Darius-Codoman, fils de Sisygambis. Bagoas voulant empoisonner Darius s'empoisonne lui-même. Bessus assassine Darius.

256. Second empire des Perses. — Dynasties des Sassaniens.

ÈRE CHRÉTIENNE.

228	Artaxerxès..........	Fils d'un simple soldat appelé Sassan, renverse l'empire des Parthes, et fonde le deuxième empire des Perses.
241	Sapor I............	Ravage la Mésopotamie et la Syrie ; fait prisonnier l'empereur Valérien ; il meurt assassiné.
	Sapor II...........	Relève un peu l'empire par ses conquêtes.
	Cabadès............	Fait la guerre à Justinien, empereur d'Orient ; conclut un traité de paix avec Bélisaire.
590	Chosroès...........	Est détrôné et assassiné par son fils Siroës.
	Siroës..............	Conclut une paix solide avec Héraclius, empereur d'Orient.
652	Isdegerde...........	Attaqué par les Musulmans ; il perd plusieurs batailles et meurt assassiné.

Fin du deuxième empire des Perses qui avait duré deux cent vingt-huit ans. Il fut renversé par les Arabes, qui y fondèrent plusieurs villes.

Av. J.-C.		
814	Caranus.	
383	Amyntas II.	Euridice.
360	Philippe. son fils	Olympias.
336	Alexandre.	Roxane.

Après sa mort son empire est divisé.

GÉNÉRAUX D'ALEXANDRE.

Perdiccas est mis à mort par ses officiers.

Ptolémée, fils de Lagus.

Antipatère.

Séleucus.

Lysimaque.

Antigone, tué à la bataille d'Ipsus.

Eumène.

FAITS DÉTACHÉS.

Le royaume de Macédoine a été fondé par Caranus, qui se disait un descendant d'Hercule, et par conséquent Grec d'origine. Les quinze rois après lui sont peu connus.

Philippe compose la phalange macédonienne. Il comble Nicator de ses faveurs; mais ses bonnes qualités étaient obscurcies par l'ambition, l'orgueil et les plaisirs de la table. Guerre sacrée. Aster, pour se venger d'une plaisanterie du roi, lui crève un œil avec une flèche. Philippe, devenu maître de la ville, le fait pendre. Bataille de Chéronée. Temple d'Ephèse brûlé par Erostrate, le jour de la naissance d'Alexandre. Aristote était son précepteur. Il détruit la ville de Thèbes, et n'épargne que les temples et la maison de Pindare. A la prière de Phocion, il fait grâce aux Athéniens. Diogène et son tonneau. Parménion accuse le médecin Philippe de vouloir empoisonner le roi. Alexandre lui montre cette lettre, et avale la médecine.

A Jérusalem, Jaddus va au devant de lui, ce qui le porte à accorder différentes grâces aux Juifs. Il passe le Granique. Nœud gordien. Bataille d'Issus contre Darius-Codoman. Rend la liberté aux Juifs. Bataille d'Arbelles qui décide du sort de la Perse. Porus. Bucéphale, cheval d'Alexandre, tué à la bataille d'Hydaspes. Ville bâtie en son honneur. Alexandre tue son ami Clytus dans un accès de colère; meurt à Babylone le même jour que Diogène meurt à Corinthe. Après sa mort, son empire est divisé par ses généraux en quatre royaumes.

Successeurs d'Alexandre en Macédoine.

Av. J.-C.		
301	Cassandre.....................	Fils d'Antipater, fait mourir Olympias; il rétablit la ville de Thèbes
295	Démétrius-Poliorcète......	Fils d'Antigone et de Stratonice, s'empare d'Athènes; chassé par Lysimaque, il se réfugie en Asie, où il meurt. La guerre entre les généraux d'Alexandre fut décidée par la bataille d'Ipsus.
286	Séleucus......................	Est assassiné par Céraunus qui s'empare de la Macédoine, et périt dans un combat contre les Gaulois.
268	Antigone-Gonatas......... son fils	Fils de Démétrius-Poliorcète, chassé de son royaume par Pyrrhus; reprend la Macédoine, soutient la guerre contre Ptolémée-Philadelphe, et se rend maître d'Athènes.
242	Démétrius.....................	Conquit la Lydie, et mourut après avoir régné dix ans, laissant Antigone tuteur de son fils Philippe.
230	Antigone-Doson.............	Fait alliance avec Aratus, chef de la ligue achéenne, se rend maître d'Argos, Corinthe et Sparte.
221	Philippe, fils de Démétrius. son fils	Conclut la paix avec les Achéens; fait empoisonner Aratus et fait mourir son fils Démétrius, accusé d'un crime par son frère Persée.
179	Persée........................	Vaincu par Paul-Emile, son royaume devint une province romaine. Il suivit le char de son vainqueur. Il se laissa mourir de faim. Son fils se fit menuisier à Rome.

Av. J.-C.		
301	Séleucus-Nicator..........	Ces rois furent appelés Séleucides, d'après leur fondateur Séleucus-Nicator. On compte six rois de ce nom et treize du nom d'Antiochus. Séleucus meurt assassiné par Céraunus.
281	Antiochus-Soter...........	Est vaincu à la bataille de Sardes par Eumène, roi de Pergame, qui se rend indépendant.
261	Antiochus-Théos..........	Meurt empoisonné par sa femme Laodice. Fondation du royaume des Parthes par Arsace.
246	Séleucus-Callinicus.......	Est dépouillé d'une partie de ses états par Ptolomée-Evergète. Meurt en captivité chez les Parthes.
226	Séleucus-Céraunus........	Ne règne que trois ans ; il meurt assassiné par deux de ses officiers.
223	Antiochus-le-Grand.......	Frère de Céraunus, perd la bataille de Raphia contre Ptolomée-Philopator, et la bataille de Magnésie contre les Romains. Il est tué dans une révolte de ses sujets.
187	Séleucus-Philopator.......	Ne règne que douze ans. Meurt assassiné par son ministre Héliodore.
175	Antiochus-Epiphane...... son fils	Frère de Séleucus. Révolte du grand-prêtre Mathatias. Persécution des Juifs. Judas Machabée remporte plusieurs victoires contre Épiphane. Meurt malheureusement à Ecbatane.
165	Séleucus-Eupator..........	Est condamné à mort par Démétrius-Soter, fils de Séleucus-Philopator, qui s'empare de la couronne.
165	Démétrius-Soter...........	Est tué dans une bataille contre Alexandre. Bala qui se disait fils d'Antiochus-Epiphane.
145	Démétrius-Nicator........	Chasse Bala ; ses généraux sont défaits par Judas Machabée. Il est tué à Tyr.
120	Antiochus-Grypus.........	Force sa mère Cléopâtre à boire le poison qu'elle lui destinait. Meurt assassiné.
83	Antiochus-l'Asiatique......	Guerre civile entre les fils de Grypus. Tigrane, roi d'Arménie, s'empare de ce royaume. Antiochus, descendant des Séleucides, est placé sur le trône par Lucullus, et vaincu par Pompée. La Syrie est réduite en province romaine. Ce royaume avait duré 250 ans.

Av. J.-C.		
283	Philétère..................	Reçoit de Lysimaque le commandement de ce royaume; se révolte contre la reine Arsinoé qui voulait le faire mourir.
262	Eumène....................	Neveu de Philétère bat Antiochus-Soter à Sarde.
241	Attale Ier..................	Cousin d'Eumène; soumet les Gaulois; bat Philippe, roi de Macédoine; meurt à Pergame.
197	Eumène II..................	Aide Antiochus Epiphane à recouvrer son trône.
155	Attale-Philadelphe.......	Frère d'Eumène, aide Bala à détrôner Démétrius-Soter.
138	Attale-Philométor.......	Neveu d'Attale II, se rend odieux par ses désordres et ses cruautés; lègue son royaume aux Romains.
133	Aristonic..................	Frère d'Attale III, fait prisonnier, est conduit à Rome, où on l'étrangle. Pergame devient province romaine.

Le royaume du Pont, dans l'Asie-Mineure, fut fondé par Artaban en 514 avant Jésus-Christ.

Av. J.-C.		
302	Mithridate Ier..........	Descendant d'Artaban. Il reçut le nom de fondateur.
	Mithridate III..........	Épouse la fille de Séleucus Callinicus; il fut père de Laodice qui empoisonna son mari Antiochus-le-Grand.
	Mithridate IV.......... son fils	Fait la guerre aux Romains; vaincu par Pompée, il est forcé, par la trahison de Pharnace, son fils, de se faire tuer par un Gaulois pour éviter de tomber entre les mains de ses ennemis.
	Pharnace..................	Prince parricide, périt misérablement.
	Mithridate V............	Fils de Pharnace, envoie des secours aux Romains contre les Carthaginois; il est surnommé Evergète.
	Mithridate VI..........	Surnommé Eupator, fit la guerre aux Romains pendant vingt-six ans. Le Pont est conquis par les Romains.

Av. J.-C.		
		Hérodote appelle Atyades, c'est-à-dire descendans d'Atys, les premiers rois qui ont régné sur les Lydiens. Il dit qu'ils tiraient leur origine de Lydus, fils d'Atys, et que Lydus donna son nom à ce peuple, auparavant appelé Méoniens. Les Héraclides leur succédèrent, et eurent cet empire pendant l'espace de cinq cents ans.
1223	Argon....................	Argon, petit-fils d'Alcée, fils d'Hercule, fut le premier des Héraclides qui régna dans la Lydie.
	Candaule...............	Fut le dernier des Héraclides; il mourut assassiné par Gygès.
718	Gigès....................	Anneau de Gygès. Celui-ci tua le roi, et monta sur le trône, qui passa ainsi de la famille des Héraclides dans celle des Mernades.
680	Ardys....................	
621	Sadyatte.	
619	Alyatte.	
562	Crésus....................	Il reçut Solon et Esope. Son fils recouvra la parole en voyant un soldat lever la main pour tuer son père; Crésus, fait prisonnier par Cyrus, fut condamné à mort. En montant à l'échafaud, il se souvint de Solon, et l'appela trois fois. Cyrus, en ayant appris la raison, lui donna sa grâce.

Av. J.-C.	ARGOLIDE.	Av. J.-C.	ATTIQUE.	Av. J.-C.	BÉOTIE.	FAITS DÉTACHÉS.
1986	Inachus. Phoronée. | Sparton.					Le Péloponèse fut d'abord peuplé par les Pélages. Leur premier roi fut Inachus ou Phoronée; il fonda la ville d'Argos, et son fils Sparton celle de Sparte. Vers ce temps les Pélages commencèrent à se civiliser. Monumens pélasgiques: le plus célèbre est le tombeau de Phoronée à Argos. Il paraît que Javan, fils de Japhet, fut le père des familles qui s'établirent dans la Grèce après la dispersion des peuples.
		1796	Déluge d'Ogyès.	1796	Déluge d'Ogyès.	Ce déluge fut sans doute causé par le débordement du lac Copaïs.
		1680	Prométhée.			Prométhée, qu'on croit originaire de la Scythie, fut un des premiers qui civilisa les Grecs. On disait qu'il avait dérobé le feu du ciel, parce qu'il avait trouvé le moyen de tirer du feu d'une pierre.
		1557	Cécrops. Erichtonius. | Triptolème.	1492	Cadmus.	Cadmus, fils d'Agénor, roi de Phénicie, fonda la ville de Thèbes; il apprit aux Grecs la navigation et les lettres phéniciennes; établit l'Aréopage.
	Gélanor,			1332	Laïus.—Jocaste. |	Cécrops, à la tête d'une colonie Égyptienne, vint en Grèce; il fonda la ville d'Athènes.
1572	Danaüs. Lyncée | Danaé. | Persée.			1266	OEdipe. |	Danaüs chassa Gélanor d'Argos et s'en empara.
				1228	Etéocle.—Polynice. | Laodamus.	
		1503	Déluge de Deucalion.		Thersandre, fils de Polynice.	Deucalion: une inondation l'obligea de fuir sur le mont Parnasse avec sa femme Pyrrha; tous deux furent sauvés et repeuplèrent la Thessalie.

PÉLOPONÈSE.	ATHÈNES.		THÈBES.
		Av. J.-C.	
Pélops.	Thésée.	1332	Laïus. — Jocaste.
		1266	Œdipe.
		1228	Étéocle.— Polynice.

1263 CHEFS ARGONAUTES.

Hercule.

Thésée.

Télamon.

Pélée.

Admète.

Castor et Pollux.

Jason.

FAITS DÉTACHÉS.

Minos, que les poètes font fils de Jupiter, fit des lois admirables. Rhadamante, son frère, donna des lois aux Crétois, remarquables par leur sévérité. Idoménée fut le dernier roi de Crète. Pélops, fils de Tantale, roi de Sissyle, dans l'Asie mineure, s'empara de la presqu'île occupée par les Achéens et les Ioniens, et lui donna le nom de Péloponèse ; ses successeurs furent appelés Pélopides. Ils étaient maîtres de tout ce pays, excepté de l'Argolide. Expédition des Argonautes contre le roi de Colchide. Leur nom vient de leur vaisseau, appelé l'*Argo*. Des bords du Phase ils rapportèrent des oiseaux qui leur étaient inconnus : on leur donna le nom de faisans.

Hercule, piqué des reproches des Helléniques, se retira ; Jason le remplaça ; il épousa Médée. Thésée, à son retour, réunit les douze bourgades de l'Attique en une seule ; il établit les Panathénées en honneur de Minerve ; fit mourir son fils Hippolyte, faussement accusé d'un crime par sa belle-mère Phèdre.

Les Héraclides perdirent leur royaume d'Argos en voulant enlever le Péloponèse aux fils de Pélops ; ils se réfugièrent dans l'Attique, ensuite chez les Doriens, qui les accueillirent à condition que pendant cent ans ils n'essaieraient pas de rentrer dans leur royaume.

Œdipe tua son père Laïus et épousa sa mère Jocaste, sans le savoir, après avoir vaincu le sphinx. Pour se punir de ces crimes involontaires, il s'arracha les yeux, et, conduit par sa fille Antigone, il mendia son pain. Il se tua en se jetant dans un bois consacré aux Euménides.

THÈBES.	ARGOS.	SPARTE.	TROIE.
ÉTÉOCLE.	ADRASTE.	MÉNÉLAS. — HÉLÈNE.	PRIAM. — HÉCUBE.
Laodamus.			Hector. — Pâris.
son cousin			
Thersandre.			

CHEFS GRECS, AMIS DE POLYNICE.

—

Adraste, son frère.
Amphares, ses deux neveux.
Capanée et Hypémedon.
Thydée, roi d'OEtolie.
Parthénopée.

Les fils de ces chefs sont appelés les Épigones.

CHEFS GRECS QUI ASSIÉGÈRENT TROIE.

—

Ménélas et son frère Agamemnon, qui, à son retour, est trahi par sa femme et meurt assassiné.
Ulysse, roi d'Ithaque;
Idoménée, roi de Crète;
Ajax, fils de Télamon, roi de Salamine;
Thersandre, roi de Thèbes;
Diomède, prince d'Argos;
Achille, fils de Pelée, roi de Thessalie;
Patrocle, et Nestor, roi de Pylos.

FAITS DÉTACHÉS.

Étéocle, refusant de céder le trône à son frère Polynice pendant un an, comme ils en étaient convenus, Polynice se retira près d'Adraste, dont il épousa la fille. Pour le venger, les sept chefs grecs marchèrent sur Thèbes. Adraste établit les jeux Néméens. Capanée fut tué.

Étéocle et Polynice se donnèrent mutuellement la mort. Créon mit sur le trône son neveu, qui défendit bien la ville. Tous les chefs Argiens furent tués à ce siége, excepté Adraste. Les Épigones s'emparèrent de Thèbes, et placèrent sur le trône le fils de Polynice. Quelques années après, Thersandre ayant perdu la raison, les Thébains appelèrent au trône une autre famille. Pâris, fils de Priam, enleva la femme de Ménélas. Les rois grecs assiégèrent Troie; ce siége dura dix ans. Achille prit les armes pour venger la mort de son ami Patrocle. Ayant tué Hector, il traîna son corps attaché à son char. Il fut lui-même tué par Pâris. Les Grecs prirent Troie par le moyen de Sinon et un cheval de bois. 1270 ans avant Jésus-Christ, Ajax périt avec tous ses vaisseaux. Ulysse retourna en Ithaque, où il retrouva sa femme Pénélope et son fils Télémaque. Idoménée, chassé de son royaume, se retira dans la grande Grèce. Agamemnon sacrifie sa fille Iphigénie avant le siége de Troie.

L'âge d'or eut lieu sous Janus, cent quarante-six ans avant le siége de Troie.

Héraclides descendans des Pélopides.

ARISTOMARQUE.

SPARTE.	ARGOS.	MESSÉNIE.
Aristodème.	Téménus.	Chresphonte.

ATHÈNES.	Av. J.-C.
Codrus.	1091
Archontes.	
Médon.	1070

Homère composa l'Iliade et l'Odyssée.

Huit villes se disputèrent la gloire d'avoir donné naissance à Homère.

FAITS DÉTACHÉS.

Les cent années étant écoulées, les Héraclides, Cresphonte, Téménus, et Aristodème, persuadèrent aux Doriens de les secourir. Ils envahirent le Péloponèse et en chassèrent les Pélopides. Depuis cette époque, il fut convenu que Sparte serait toujours gouverné par deux rois à la fois de la famille des Héraclides. Les Doriens profitèrent de cette occasion pour chasser les Ioniens du Péloponèse, et se réfugièrent à Athènes, près de Codrus, qui les soutint contre les Héraclides qui lui firent la guerre.

Codrus, se dévouant pour son pays, se précipita parmi les ennemis pour se faire tuer. En mémoire de cette belle action, les Athéniens abolirent la royauté et établirent des Archontes. Médon, fils de Codrus, fut le premier. La famille de Codrus donna douze Archontes dans l'espace de plus de deux cents ans. Homère vécut cinq cents ans après le siége de Troie. Hésiode remporta le trépied d'or dans le combat de poésie institué à Chalcis en Eubée, par Amphidamas ; il naquit à Cumes en Éolide. Lycurgue donna des lois à Sparte. Didon, femme de Sichée, tué par son frère Pygmalion, roi de Tyr, se sauva avec ses serviteurs, et fonda la ville de Carthage en Afrique.

FIN DES SIÈCLES HÉROÏQUES.

Av. J.-C.	FAITS DÉTACHÉS.
776 Première Olympiade.	Les Grecs nommaient Olympiade, un intervalle de quatre ans. Ces jeux, tombés dans l'oubli, furent rétablis par Lycurgue, Iphitus et Cléosthène, en 824. Vingt-sept olympiades après, ils choisirent pour ère l'année où un célèbre lutteur, nommé Chorœbus, d'Elide, remporta le prix.
774 Première guerre de Messénie.	Causée par quelques outrages commis envers de jeunes Lacédémoniennes, et le meurtre de Téléchus, un des rois de Sparte. Aristodème, roi de Messénie, se tua sur le tombeau de sa fille, qu'il avait sacrifiée pour apaiser la colère des dieux. Trois cents Spartiates furent tués avec leur roi Théopompe. L'avantage resta aux Spartiates. Cette guerre dura vingt ans.
684 Deuxième guerre de Messénie.	Après quarante ans, les Messéniens secouèrent le joug des Spartiates, et la guerre recommença. Aristomène, général des Messéniens, pénétra dans Sparte, et attacha son bouclier à la porte du temple de Minerve. Tyrtée, poète athénien, dont la taille était petite et difforme, conduisit les Athéniens contre les Messéniens, qui, trahis une seconde fois par Aristocrate, furent obligés de se rendre. Une partie des Messéniens resta en Arcadie, et l'autre se retira à Zancle en Sicile, et lui donnèrent leur nom.
624 Lois de Dracon à Athènes. 566 Pisistrate à Athènes. 510 Les Pisistratides exilés.	Cet archonte fit des lois trop sévères; elles furent adoucies par Solon, qui leur fit de sages lois; mais ayant entrepris de nouveaux voyages, à son retour il trouva son gouvernement renversé par Pisistrate, qui était un des descendans de Codrus: il fut le premier tyran. Ses deux fils, Hippias et Hipparque régnèrent après lui. Hipparque fut poignardé par deux jeunes-gens dont il avait outragé la sœur. Hippias fut chassé; il se réfugia près de Darius, roi de Perse.
565 Phalaris, tyran de Sicile.	Phalaris fit forger un taureau d'airain dans lequel on brûlait à petit feu la victime qu'on y renfermait. Pécile, l'auteur de cette horrible machine, en fit le premier essai; Phalaris lui-même subit le même supplice.

Av. J.-C.	FAITS DÉTACHÉS.
490 Bataille de Marathon.	Pour venger Hippias, Darius fit la guerre aux Grecs : il perdit la bataille de Marathon, gagnée par Miltiade, Aristide et Thémistocle. Les Athéniens emprisonnèrent Miltiade. Xerxès, pour venger la défaite de son père, fit une seconde expédition en Grèce.
480 Léonidas.	Roi de Sparte, mourut à la bataille des Thermopyles avec trois cents Spartiates ; il fut trahi par Épialtès, qui montra un passage aux Perses pour entrer en Grèce.
480 Salamine.	Thémistocle battit les Perses au combat naval de Salamine, et Pausanias à Platée.
474 Thémistocle.	Thémistocle, banni par les Athéniens, se retira près d'Artaxerxès-Longuemain ; pressé de prendre les armes contre sa patrie ; il se tua.
465 Dernière guerre de Messénie.	Les Messéniens reprirent les armes, après deux cents ans de paix, pour secourir les ilotes qui s'étaient révoltés contre les Spartiates ; ils furent vaincus et obligés de s'exiler.
452 Cymon.	Fils de Miltiade, rappelé d'exil, périt au siége de Clusium contre les Perses.
449 Périclès.	Fils de Xantippe, gouverna les Athéniens pendant quarante ans.
431 Guerre du Péloponèse.	Du côté des Athéniens étaient Périclès, Alcibiade, Cléon et Nisias ; du côté des Spartiates, Brasidas et Lysandre.
404 Prise d'Athènes.	Athènes fut vaincue par Sparte. Périclès mourut de la peste. Alcibiade, neveu de Périclès, attaqua la Sicile ; rappelé à Athènes, il se réfugia à Sparte. Gylippe vainquit les Athéniens à Syracuse. Alcibiade fut rappelé. Lysandre détruisit la démocratie. Trente tyrans. Fin de la guerre du Péloponèse, qui avait duré vingt-sept ans.
403 Thrasybule.	Chassa les tyrans et rétablit le gouvernement démocratique.
	Retraite des dix mille, commandés par Xénophon et Cléarque.

Av. J.-C.	FAITS DÉTACHÉS.
400 Socrate.	Fils du sculpteur Sophonisque, épousa Xantippe; accusé de mépriser les dieux, il fut condamné à boire de la ciguë.
394 Bataille de Coronée.	Gagnée par Agésilas-le-Grand, roi de Sparte, contre les Perses.
388 Traité d'Antalcidas.	Antalcidas, amiral des Lacédémoniens, signa un traité avec Artaxerxès, craignant que les Athéniens n'eussent l'avantage dans cette guerre.
375 Guerre entre Sparte et Thèbes.	
371 Bataille de Leuctres.	Épaminondas et Pélopidas, bannis par les Spartiates, rentrèrent secrètement dans la ville, et rendirent la liberté aux Thébains; ils chassèrent les Spartiates, et leur roi Cléombrote fut tué à la bataille de Leuctres.
367 Bataille sans larmes.	Les Spartiates ne perdirent pas un seul homme à la bataille qu'ils appelèrent à cause de cela *Sans larmes*.
363 Épaminondas.	Épaminondas fut tué à la bataille de Mantinée; son ami Pélipodas étant mort peu de temps après, les Thébains rentrèrent dans l'obscurité.
348 Guerre sacrée.	Ainsi appelée parce que les Thessaliens et plusieurs autres peuples prirent les armes pour venger leur dieu Apollon, qui avait été insulté par les Phocidiens; elle dura dix ans.
	Philippe, roi de Macédoine, trouvant le moment favorable pour s'emparer de la Grèce, marcha contre les Phocidiens, les vainquit et obtint leur place au conseil amphictonique.
	Phocion, remarquable par son courage, et Démosthène par son éloquence, furent les deux plus grands ennemis de Philippe.
296 Démétrius Poliorcètes.	Ou le *Preneur de villes*, était fils d'Antigone et de Stratonice; son père ayant formé le dessein d'affranchir la Grèce, asservie par Cassandre et Ptolomée, il mit ce projet en exécution et rendit au peuple grec son ancienne forme de gouvernement.

Av. J.-C.	FAITS DÉTACHÉS.
284 Ligue achéenne. Aratus.	Cette ligue était composée de douze villes du Péloponèse. Après la mort d'Alexandre, elle mit Aratus à sa tête; il conçut le projet d'affranchir tout le Péloponèse, mais il fut empoisonné par Philippe, successeur d'Antigone Doson.
244 Agis, roi de Sparte.	Accusé de vouloir faire des innovations dangereuses, fut condamné à mort; sa mère et son aïeule furent étranglées sur son cadavre. Cléomène remit en vigueur les lois de Lycurgue; il périt bientôt victime de son dévouement. La mort d'Agis et de Cléomène, mit fin à la race des Héraclides à Sparte.
186 Philopomène.	Succède à Aratus. Vaincu par les Messéniens, il est jeté dans un cachot et meurt empoisonné. On l'appelle le dernier des Grecs.
146 La Grèce devient province romaine.	Vaincu par les Romains, la Grèce se soumet, et devient province Romaine sous le nom d'Achaïe.

HISTOIRE ROMAINE.

Av. J.-C.	FAITS DÉTACHÉS.
	L'Italie fut d'abord peuplée par les Ombriens venus de l'Illyrie, les Sicules, les Aborigènes, les Sabins qui habitaient les sommets des Apennins; ce peuple conquit les Ombriens avant la prise de Troie, et étendit leurs frontières.
Latinus.	Les Sicules, ayant été vaincus par les Aborigènes, se retirèrent dans la Trinacrie, qui prit alors le nom de Sicile. Les Aborigènes prirent le nom de Latins, d'après leur roi Latinus. Enée, ayant conduit quelques Troyens dans le Latium, épousa Lavinie, fille de Latinus, et fonda la ville de Lavinium. Son fils Ascagne bâtit Albe-la-Longue.
Procas.	Douze princes régnèrent après lui. Procas fut le dernier.
Numitor. Amulius.	Numitor et Amulius, ses fils, se firent la guerre. Amulius l'emporta, mais il fut renversé du trône par les deux petits-fils de Numitor, Romulus et Rémus, à qui les Romains donnaient pour père Mars : ils étaient fils de Rhéa Sylvia.
Rois.	
753 Romulus.	Fonda la ville de Rome; tua son frère Rémus. Enlèvement des Sabines. Guerre entre les Romains et les Sabins; réunion de ces deux peuples. Lois; patriciens, plébéiens, et sénat. Tatius, roi des Sabins, meurt assassiné. Romulus subit le même sort. Il est adoré sous le nom de Quirinus. Interrègne d'un an.
715 Numa Pompilius.	Il rendit son peuple heureux, réforma le calendrier, encouragea l'agriculture. Augures. Il régla les cérémonies du culte. Régna quarante-trois ans.

Av. J.-C.	FAITS DÉTACHÉS.
672 Tullus Hostilius.	Combat des Horaces et des Curiaces. Horace ternit sa gloire en tuant sa sœur Camille. Albe est détruite et son territoire est réuni à Rome. Tullus meurt frappé d'un coup de foudre.
640 Ancus Martius.	Petit-fils de Numa Pompilius par sa mère Pompilia. Fait le premier usage des mines.
616 Tarquin-l'Ancien.	Tanaguil, sa femme, le détermine à s'établir à Rome. Usurpe le trône au préjudice des enfans d'Ancus Martius, qui le font assassiner. Il fit mourir l'augure Accius Navius.
578 Servius Tullius.	Fils d'un esclave, il fut élevé par Tanaguil, qui lui donna sa fille en mariage. Il maria ses deux filles aux petits-fils de Tarquin. Il fut assassiné par son gendre, Tarquin-le-Superbe. Sa fille Tullia fit passer sa voiture sur le corps de son père.
534 Tarquin-le-Superbe.	Fin tragique de Lucrèce. Brutus soulève le peuple. Tarquin est exilé avec toute sa famille. La royauté abolie. Elle avait duré deux cent quarante-quatre ans.
	RÉPUBLIQUE.
509 Consulat.	Deux magistrats sont élus sous le nom de consuls : ce sont Brutus, et Collatin, mari de Lucrèce.
Brutus. Collatin.	Brutus condamne à mort ses deux fils. Porsenna vient assiéger Rome. Horatius Coclès sauve la ville. Le courage de Mutius Scœvola détermine Porsenna à finir la guerre.
Valérius Publicola.	Meurt si pauvre qu'il est enterré aux frais du public.
497 Dictateurs.	Le premier fut Latius Flavus. Le sénat ayant opprimé le peuple, il se retire sur le Mont-Sacré. Ménénius Agrippa lui raconte la fable des membres et de l'estomac. Le peuple se soumet.
493 Les Tribuns.	Création des tribuns.

Av. J.-C.	FAITS DÉTACHÉS.
488 Exil de Coriolan.	Se retire chez les Volsques et vient mettre le siége devant Rome. A la prière de sa mère Véturie et de sa femme Volumnie, il lève le siége, et meurt assassiné par les Volsques.
480 Famille des Fabius.	Trois cent six Sabins, suivis de quatre mille de leurs cliens, tiennent les Véiens en échec pendant deux ans. Ils sont surpris et périssent tous.
458 Cincinnatus.	Cincinnatus, nommé dictateur, après avoir mené les Romains à la victoire, abdique la dictature pour reprendre sa charrue.
451 Les décemvirs sont établis et leur puissance finit, en 453, avec Appius Claudius.	Appius Claudius qui s'était rendu odieux par son despotisme, ose attenter à la liberté d'une jeune fille nommée Virginie, qu'il réclamait comme esclave. Son père Virginius la tue pour sauver son honneur. Les décemvirs sont obligés d'abdiquer. Ainsi finit la puissance décemvirale après avoir duré deux ans. On nomme des consuls, et la tranquillité est rétablie dans la république.
395 Siége de Véies. 391 Exil de Camille. 390 Siége de Rome.	Camille, nommé dictateur, prend la ville de Véies. Accusé par le peuple d'avoir détourné de l'or à son profit, il se réfugie chez les Ardéates; rappelé d'exil et nommé dictateur, il sauve Rome assiégée par Brennus et force les Gaulois à abandonner Rome.
362 Marcus Curtius.	Marcus Curtius se précipite avec son cheval dans un abîme qui s'était ouvert au milieu du Forum, qui, dit-on, se referma de suite.
343 Guerre des Samnites.	Les Romains prennent les armes contre les Samnites pour secourir leurs alliés les Campaniens. Fourches caudines. Un an après, Papirius soumet les Samnites à la même humiliation. Cette guerre dure soixante-onze ans, et se termine en faveur des Romains, qui détruisent complètement la ville de Samnium.

[illegible]

[illegible] Volsques et [illegible] le siège, et meurt assassiné par les Volsques.

[illegible] ainsi de quatre mille [illegible]

[illegible]

Après [illegible] était venu [illegible] ces attentes [illegible] comme [illegible] pour [illegible] Romains [illegible] n'ont fini la [illegible] république.

[illegible]

[illegible]

[illegible] Romains, qui étaient [illegible]

Av. J.-C.	FAITS DÉTACHÉS.
281 Guerre Tarentine.	Les Tarentins implorent le secours de Pyrrhus, roi d'Epire, contre les Romains. Fabricius résiste aux séductions de Pyrrhus. Dix ans après, Pyrrhus est tué par une femme du peuple. Après sa mort, les Romains soumettent les Tarentins et la Grande-Grèce.
269 Monnaie d'argent.	On ne connaissait auparavant que la monnaie de cuivre.
264 Première guerre punique.	Fut causée par le massacre des citoyens de Messine. Annibal est battu par Appius Claudius. Duilius bat Amilcar Barca. Les Carthaginois font mourir Régulus. Cette guerre dura vingt-quatre ans.
218 Deuxième guerre punique. Asdrubal. Amilcar Barca. Annibal. Scipion l'Africain.	Causée par l'ambition des Carthaginois. Amilcar Barca soumet l'Espagne. Asdrubal y bâtit la ville de Carthagène. Annibal, fils d'Amilcar, succède à Asdrubal. Il traverse les Pyrénées et les Alpes ; bat Varron et Paul Emile à la bataille de Cannes ; perd le fruit de ses victoires par son séjour à Capoue. Siége de Syracuse par Marcellus. Archimède est tué par un soldat romain, pendant qu'il cherchait la solution d'un problème. Scipion bat Asdrubal et le force d'abandonner l'Espagne. Scipion marche avec Massinissa contre Siphax, qui avait usurpé la couronne de Numidie. Siphax et sa femme sont faits prisonniers. Massinissa fait avaler du poison à Sophonisbe. Annibal est vaincu à la bataille de Zama par Scipion, qui reçoit le nom d'Africain ; il se réfugie en Asie. Craignant d'être livré à ses ennemis par Prusias, roi de Bythinie, il s'empoisonne, et meurt la même année que Scipion. Cette guerre dura sept ans.

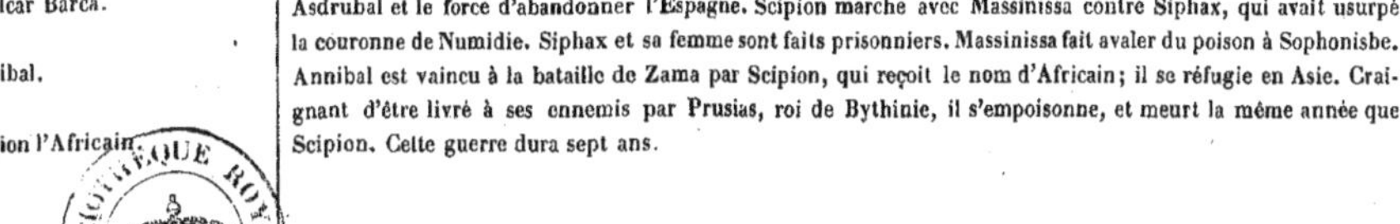

Av. J.-C.	FAITS DÉTACHÉS.
190 Antiochus-le-Grand.	Fait la guerre aux Romains; Scipion l'Asiatique le force à faire une paix honteuse.
147 Soumission de la Macédoine.	Paul Émile fait prisonnier Persée, et la Macédoine devient province romaine.
146 Soumission de la Grèce.	Les Romains abolissent le pouvoir de la république et réduisent la Grèce en province romaine.
149 Troisième guerre punique.	Les Carthaginois ayant pris les armes contre Massinissa, roi de Numidie, qui s'était emparé de leurs terres. Les Romains viennent au secours de leur allié, et Emilien, fils adoptif de Scipion, réduit Carthage en cendre. Les femmes carthaginoises coupent leurs cheveux pour bander les arcs de leurs maris. Cette guerre dura trois ans.
141 Guerre numantine.	Emile assiége Numance en Espagne; les habitans se donnent la mort, et la ville est rasée de fond en comble.
133 Les Gracques.	Rome était agitée au milieu de ses victoires par des troubles continuels entre les patriciens et les plébéiens. Tibérius et Caïus, fils de Cornélie et de Tibérius Gracchus, se déclarèrent pour le peuple; ils périrent tous deux victimes de leurs projets de réforme.
87 Mithridate VI.	Il avait dépouillé les rois de Cappadoce et de Bythinie de leur royaume. Sylla et Marius furent choisis l'un par le sénat et l'autre par le peuple pour le combattre.
88 Sylla et Marius, proscrits.	Marius, chassé de Rome par Sylla, se réfugie près des ruines de Carthage; pendant ce temps Mithridate s'empare de la Macédoine, de la Thrace, de la Grèce, et il attaque l'île de Rhodes. Sylla marche contre lui. Marius profite de son absence pour revenir à Rome, qu'il inonde de sang; en est chassé une seconde fois et meurt de débauche. Sylla se fait nommer dictateur perpétuel. Il abdique et se retire à Cumes, où il meurt. La guerre civile entre Sylla et Marius avait duré six ans.

Av. J.-C.	FAITS DÉTACHÉS.
111 Guerre contre Jugurtha.	Ce prince avait usurpé le trône de Numidie, après avoir tué le fils de Massinissa, son bienfaiteur. Les Romains voulant le punir de ce crime, Métellus et Sylla marchent contre lui. Marius le fait prisonnier et le conduit à Rome, où il meurt dans un cachot. Son royaume fut partagé entre son gendre Boccha, roi de Mauritanie, qui l'avait livré aux Romains, et les petits-fils de Massinissa, Hiempsal et Adherbal.
113 Guerre cimbrique.	Marius défait les Cimbres et les Teutons, peuples barbares du nord qui menaçaient d'envahir l'Italie.
76 Révolte de Sertorius.	Ce général, qui avait épousé le parti de Marius, lutta huit ans contre les plus grands généraux de Rome. Vaincu par Métellus et Pompée, il fut assassiné par son lieutenant Perpenna, qui, étant tombé entre les mains des Romains, est mis à mort.
73 Guerre de Spartacus.	Spartacus se met à la tête des esclaves qui voulaient rompre leurs fers, défait par Crassus; sa mort met fin à la guerre. Pompée défait les restes fugitifs de son armée.
63 Conjuration de Catilina.	Catilina et d'autres conjurés avaient formé le projet de tuer Cicéron et le sénat. Cicéron, célèbre orateur et consul, découvre cette conspiration; les rebelles marchent sur Rome et sont tous tués dans le combat. Cicéron reçoit le nom de Père de la Patrie.
60 Premier triumvirat.	César, Pompée et Crassus forment le premier triumvirat. César épouse Julie, fille de Pompée; conquiert la Gaule et la Grande-Bretagne. Le consulat lui ayant été refusé, il passe le Rubicon et se rend maître de Rimini.
50 Bataille de Pharsale.	Pompée vaincu par César à la bataille de Pharsale, se réfugie en Égypte, où il meurt assassiné par Ptolémée. César est nommé dictateur perpétuel; il meurt assassiné par Cassius et Brutus.

Av. J.-C.	FAITS DÉTACHÉS.
43 Deuxième triumvirat. 31 Bataille navale d'Actium.	Composé de Marc-Antoine, Lépide et Octave, neveu de César. Octave et Antoine gagnent la bataille de Philippe contre Cassius qui y périt, et Brutus qui se tua ; ils furent surnommés les derniers des Romains. Antoine répudie sa femme Fulvie, pour épouser Octavie, sœur d'Octave ; fait mourir Cicéron ; marche contre Cléopâtre, reine d'Egypte, qu'il trouve si belle, qu'il oublie les motifs de son arrivée. Octave chasse Lépide et marche contre Antoine pour venger sa sœur, gagne la bataille navale d'Actium. Antoine prend la fuite. Il se tue. Cléopâtre se fait piquer par un aspic pour éviter de tomber entre les mains d'Octave. Son royaume devient une province romaine.
	EMPIRE.
34 Octave Auguste.	Dès qu'il se vit seul, il devint doux et humain, protégea les poètes, Virgile et Horace, ferma le temple de Janus bâti par Numa Pompilius. Paix universelle. Naissance de Jésus-Christ, quatre mille neuf cent soixante-trois ans après la création du monde. Défaite de Varus dans la Germanie.
ÈRE CHRÉTIENNE.	
14 Tibère. 33 Mort de Jésus-Christ.	Prince cruel, fait mourir Germanicus, gendre d'Auguste. Séjan empoisonne Drusus, fils de Tibère ; l'empereur apprenant qu'il conspirait contre lui, le fait mourir. Sous son règne, Notre-Seigneur fut crucifié.

ÈRE CHRÉTIENNE.	FAITS DÉTACHÉS.
37 Caligula.	Fils de Germanicus et d'Agrippine, prince cruel. A la mort de sa sœur Drusille, il lui consacre un temple. Prétendant être Jupiter, il se fait élever une statue en or. Fait construire pour son cheval une écurie en marbre, avec une auge en ivoire. Je voudrais, s'écriait ce monstre, que le peuple n'eût qu'une seule tête, afin que je puisse l'abattre d'un seul coup. Cet empereur, ayant assemblé une armée de deux cent mille hommes à Boulogne, pour faire une descente en Angleterre, au moment de s'embarquer, leur fit, au lieu de cela, ramasser des coquillages. Il meurt assassiné par Chérea, officier de sa garde.
41 Claude l'imbécile.	Frère de Germanicus, prince faible et imbécile, se laisse gouverner par sa femme, Messaline, princesse cruelle et débauchée. Conquête de la Grande-Bretagne. Pétus, ayant conspiré contre l'empereur, fut condamné à mort. Sa femme, Aria, se poignarde elle-même pour le décider à se tuer plutôt que d'être mené au supplice. Claude fait mourir Messaline et épouse sa nièce Agrippine. Cette princesse le persuade de déshériter son fils Britannicus en faveur de Néron qu'elle avait eu de son premier mari Domitius OEnobardus.
54 Néron.	Néron épouse Octavie; il eut pour précepteurs Sénèque et Burrhus. Claude meurt empoisonné par Agrippine. Néron empoisonne Britannicus, fait mourir sa mère Agrippine et sa femme Octavie, épouse Poppée, fait mettre le feu à Rome, accuse les chrétiens de cet horrible incendie, tue Poppée d'un coup de pied. Galba marche contre Rome à la tête de ses soldats; et Néron, voyant qu'il ne pouvait s'échapper, se fait poignarder par son affranchi Phaon.

ÈRE CHRÉTIENNE.	FAITS DÉTACHÉS.
68 Galba.	Est proclamé empereur par ses soldats. Fait punir les complices de Néron, et entre autres la célèbre empoisonneuse Locuste. Ses soldats lui demandant une gratification nouvelle : « Je choisis des soldats et ne les achète pas », leur répondit-il. Il est tué avec Pison, qu'il avait choisi pour son successeur, par Othon, ancien compagnon de débauche de Néron.
Othon.	Est élevé à l'empire par une sédition militaire. Son caractère était doux. Guerre civile. Voyant qu'il ne peut échapper à Vitellius, il se poignarde.
Vitellius.	En parcourant le champ de bataille de Bédriac, où Othon avait été vaincu, il dit, en contemplant les cadavres : « Le corps d'un ennemi mort sent toujours bon. » C'était l'homme le plus gourmand de son siècle. Méprisé, de ses soldats, ils le tuèrent.
70 Vespasien. Son fils	Faisait le siége de Jérusalem, quand il fut élu empereur par ses soldats. Les bonnes qualités de ce prince étaient gâtées par une avarice excessive. Il fit mourir Sabinus, chef gaulois, qui s'était révolté contre lui, ainsi que la femme de ce chef qui s'appelait Éponine. Il fait relever le Capitole qui avait été brûlé dans les guerres civiles. Sentant qu'il allait mourir, il se fit soutenir par ses domestiques, disant qu'un empereur devait mourir debout. Son fils Titus prend Jérusalem.
79 Titus. Son frère	Ce prince, par sa bonté, mérita le titre de l'Amour du genre humain. Il disait que sa journée était perdue quand il n'avait fait de bien à personne. Première éruption du Vésuve. Pompéia, Herculanum sont englouties. Pline le Naturaliste s'étant approché trop près du volcan pour l'examiner, perd la vie en y tombant.

ÈRE CHRÉTIENNE.	FAITS DÉTACHÉS.
81 Domitien.	Ne ressemblait en rien à son frère. Il persécuta les chrétiens, et mourut assassiné par ordre de sa femme Domitia.
96 Nerva.	Était déjà vieux quand il monta sur le trône. Son règne fut doux et paisible. Il meurt assassiné.
98 Trajan.	Adopté par Nerva. Il était d'origine espagnole. En mémoire de ses conquêtes, il fit élever la colone Trajane. C'était un homme excellent.
Son cousin	
117 Adrien.	Aimait la justice. Il nourrit une quantité de monde pendant une grande disette.
138 Antonin-le-Pieux.	Fut le père de ses sujets. Il fut appelé le Pieux à cause de sa piété filiale. Sa famille était originaire de la ville de Nîmes. Il y fit élever plusieurs monumens.
161 Marc-Aurèle.	Adopté par Antonin, dont il avait épousé la fille, ce bon empereur fut appelé le Philosophe. Son règne fut désolé par d'horribles débordemens du Tibre, la peste et la famine. Il remporta de grandes victoires sur les Sarmates, les Quades et les Mascomans.
Son fils	
180 Commode.	Prince cruel, fait mourir sa femme et sa sœur ; il meurt assassiné par sa femme Marcia.
193 Pertinax.	Vieux général; fut tué dans une révolte de la garde prétorienne dont il avait voulu réprimer l'insolence. Les soldats révoltés mettent l'empire à l'encan. Il est acheté par un sénateur nommé Didius Julianus. Le sénat ayant appris que Septime-Sévère marche sur Rome, fait mourir Julianus.
194 Septime-Sévère.	Septime casse la garde prétorienne. Ce prince était cruel.
Son fils	
211 Caracalla.	Fait assassiner son frère Géta dans les bras de Julie sa mère. Ce monstre meurt assassiné.
217 Macrin.	Préfet du prétoire, est proclamé par les soldats. Meurt assassiné par Héliogabale.
218 Héliogabale.	Cousin de Caracalla, prince efféminé, est tué par les prétoriens et son corps est jeté dans le Tibre.

ÈRE CHRÉTIENNE.	FAITS DÉTACHÉS.
222 Alexandre-Sévère.	Cousin d'Héliogabale et fils de Mammée. Il protége les chrétiens. Est assassiné avec sa mère dans une révolte.
235 Maximin.	Avait été berger en Thrace, mais son courage le fit parvenir aux premiers grades de la milice; il ne jouit pas long-temps de l'empire qu'il avait arraché à son bienfaiteur; il fut tué dans une émeute de soldats avec son fils.
249 Déce.	Marche contre les Goths. Trahi par Gallus, il est tué dans une embuscade avec son fils.
251 Gallus.	Se fait proclamer empereur à la place de Déce; est tué par Emilien, qui, à son tour, est tué par Valérien, qui se fait proclamer empereur. Avec lui commencent les trente tyrans.
254 Valérien.	Elu par les légions de Germanie, est fait prisonnier par Sapor, roi de Perse, qui le fait servir de marchepied.
255 Gallien.	Odénat, prince de Palmyre, en Asie, chasse les barbares; élevé à la dignité d'Auguste, il est assassiné par sa femme Zénobie; Gallien meurt peu à près.
263 Claude II.	Grand-oncle de Constantin, ne régne que deux ans. Vainqueur des Goths.
270 Aurélien.	Fils d'un paysan, s'élève au trône par sa bravoure; marche contre Zénobie, reine de Palmyre, qu'il fait prisonnière avec ses enfans. Il meurt assassiné par son secrétaire.
275 Tacite Probus.	Est tué dans une révolte de soldats. Probus qui lui succède, chasse les Francs et les Germains d'Italie. Il fait, le premier, planter la vigne en France. Meurt assassiné.
282 Carus.	S'associe ses deux fils, Carin et Numérien. — Carin ressemblait à Néron pour le caractère; Numérien était doux et studieux. Le père et les deux fils meurent assassinés.
284 Dioclétien et Maximin-Hercule.	Massacre de la légion thébaine. Persécutions des chrétiens. Abdication des deux empereurs. Dioclétien se retire à Salone.

ÈRE CHRÉTIENNE.	FAITS DÉTACHÉS.
305 Constance-Chlore et Galère.	Constance était neveu de Claude II. Il avait épousé Hélène, fille d'un hôtelier de qui il eut Constantin-le-Grand. Il protégea les chrétiens contre son collègue Galère, gendre de Dioclétien.
Son fils	Constance-Chlore meurt à York. Après sa mort, il y eut six empereurs à la fois, confusion et anarchie dans le gouvernement; après plusieurs batailles l'empire reste à Constantin.
313 Constantin-le-Grand.	Se fait chrétien et bat tous ses ennemis. Etablit le siége de son gouvernement à Byzance, et lui donne le nom de Constantinople.
Ses fils 337 Constantin II. Constant. Constance.	Sous le règne de ses fils, l'empire s'affaiblit; ils se font la guerre; ils font égorger tous les princes de leur famille. Constance survécut à ses frères.
361 Julien l'Apostat.	Persécuta les chrétiens et renonça au christianisme. Il releva un instant l'empire. Ses bonnes qualités étaient ternies par sa vanité et sa dureté envers les chrétiens. Il fut tué dans une bataille contre les Perses.
363 Jovien.	Rétablit le christianisme. Il ne règna que quelques mois.
	DIVISION DE L'EMPIRE ROMAIN, EN 364, ENTRE VALENTINIEN, EMPEREUR D'OCCIDENT, ET SON FRÈRE VALENS, EMPEREUR D'ORIENT.
	EMPIRE D'OCCIDENT.
364 Valentinien I.	Etablit sa capital à Milan; meurt d'un accès de colère. Il eut l'imprudence de permettre à une horde barbare de s'établir dans la Thrace.
Son fils 375 Gratien.	L'empire est envahi de tous côtés par les Barbares. Il meurt assassiné.

ÈRE CHRÉTIENNE.	FAITS DÉTACHÉS.
383 Valentinien II.	Est protégé contre les Barbares par Théodose-le-Grand, empereur d'Orient. Il est assassiné par Arbogaste.
395 Honorius.	Son père, Théodose-le-Grand, le place sur le trône. Alaric vient ravager l'Italie. Stilicon le force à demander la paix après la bataille de Pollence.
424 Valentinien III.	Attila, roi des Huns, vient à Rome, cédant à la prière du pape Léon-le-Grand ; il se retire au delà du Danube. L'empereur tue Aétius, et est lui-même tué par un de ses officiers. Les Vandales lui enlèvent l'Afrique.
467 — 475 Anarchie.	Cinq empereurs sont élus ou déposés selon le caprice de Ricimer, patrice et général romain.
475 Romulus Augustule.	Dernier empereur. L'empire d'Occident est détruit par Odoacre, roi des Hérules ; après avoir duré douze cent vingt-neuf ans depuis la fondation de Rome.

ÈRE CHRÉTIENNE.	FAITS DÉTACÉS.
305 Constantin-le-Grand.	Met le nom de Jésus-Christ sur sa bannière, au lieu des lettres initiales du sénat et du peuple romain. Cet étendard s'appelait *Labarum*. Transporte le siége de son gouvernement à Constantinople. Fonde l'empire d'Orient. Fait mourir sa femme Fausta.
337 Constance.	Règne à Rome et à Constantinople. Fait la guerre aux Barbares. Prince faible et peureux.
361 Julien l'Apostat.	Prince philosophe. Persécute les chrétiens. Abjure le christianisme.
364 Valens.	Partage l'empire entre lui et son frère Valentinien, à qui il donne l'Occident; garde l'Orient pour lui-même. Établit sa résidence à Constantinople. Permet aux Visigoths de s'établir en Thrace. Il demande des secours à son neveu Gratien contre les Barbares. Il marche contre les Goths, qui le battent et le brûlent dans une chaumière où il s'était réfugié.
	RACE THÉODOSIENNE.
379 Théodose-le-Grand. Son fils	Se fait baptiser. Arrête par son courage la chute de l'empire d'Occident. Épouse Galla, sœur de l'empereur Julien. Maître de tout l'empire, il le divise entre ses deux fils, Arcadius et Honorius. Il cherche à pacifier l'Eglise et détruit l'idolâtrie.
395 Arcadius. Son fils	Les oppressions et les vices de Rufin, gouverneur de ce prince, deviennent une des causes principales de la chute de l'empire. Arcadius épouse Eudoxie, fille du comte Bauts, général des Francs, au regret de Rufin, qui voulait lui faire épouser sa fille. Rufin, pour conserver le pouvoir en effrayant l'empereur, excite des tribus de Huns et de Scythes à piller l'Asie.

ÈRE CHRÉTIENNE.	FAITS DÉTACHÉS.
408 Théodose II. Sa sœur	Trop jeune pour gouverner, sa sœur Eudoxie s'empare du gouvernement. Elle protége les sciences. Exilée par Pulchérie, sa sœur, Placide gouverne l'empire d'Occident pour son fils. Attila attaque Constantinople. Le faible empereur signe une paix honteuse. Code Théodosien. Théodose meurt d'une chute de cheval.
450 Pulchérie.	Épouse le sénateur Marcien. Refuse de payer un tribut à Attila, roi des Huns.
457 Léon Ier.	Remporte une grande victoire sur les Huns. Son petit-fils lui succède.
474 Léon II.	Meurt empoisonné par ses parens, âgé de quatorze ans.
474 Zénon.	Frère de Léon, persécute les chrétiens. Première guerre religieuse. Laisse Odoacre maitre de l'Italie. Chassé du trône par Basilicus, beau-frère de Léon, il se retire chez les Isaures. Étant remonté sur le trône, il fait mourir de faim Basilicus. Cède l'Italie à Théodoric, roi, des Goths. Ariane, femme de Zénon, le fait enterrer vivant.
491 Anastase.	Soutient une guerre contre Longin, frère de Zénon, qui, soutenu par les Isaures, aspirait au trône. Fait la guerre aux Perses. Persécute les chrétiens. Guerre avec les Bulgares.
	RACE JUSTINIENNE.
518 Justin. Son neveu	Pauvre paysan de la Thrace, devenu, par son courage, officier distingué, est élu empereur par ses troupes. Il fait assassiner Vitalien, petit-fils d'Aspar, chef des Goths. Guerre civile entre les Bleus et les Verts. Justin protége les Bleus. Théodote, homme juste et ferme, nommé préfet, arrête ces désordres. Bélisaire fait la guerre aux Perses.

ÈRE CHRÉTIENNE.	FAITS DÉTACHÉS.
527 Justinien Ier. Son neveu	Épouse Théodora, jeune comédienne. Elle excite son mari à essayer de grandes entreprises par sa fermeté. Elle fait mourir son fils, et se rend célèbre par ses crimes. Antioche détruit par un tremblement de terre. Théodora protége la faction Verte contre les Bleus, que son mari soutenait, ce qui cause une nouvelle guerre civile. Gelimer, roi des Vandales, est vaincu par Bélisaire qui se rend maître de l'Afrique. Conquête de la Sicile. Les Goths sont obligés d'abandonner Rome. Querelle entre Narsès et Bélisaire, qui finit par la disgrâce du dernier. Code Justinien. Fin de l'empire des Ostrogoths.
565 Justin II.	Rend la paix à l'Eglise. Royaume des Lombards en Italie. Longin, successeur de Narsès en Italie, premier exarque, établit sa résidence, à Ravenne. Les Perses et les Turcs sont battus par Tibère, général de Justin, qui l'adopte pour son successeur.
578 Tibère II, adopté.	Se déclare pour le pape contre le patriarche de Constantinople. Les Perses sont battus par Maurice, général de Tibère, qui lui donne sa fille en mariage et le nomme son successeur.
582 Maurice, adopté.	Rétablit sur le trône de Perse Cosroès qui en avait été chassé pour ses crimes. Grégoire-le-Grand illustre la chaire de Rome par ses vertus. Révolte de Phocas, qui fait mourir l'empereur et ses fils.
602 Phocas.	Est proclamé empereur par les soldats. Ce monstre, pire que Néron, est assassiné par Héraclius.
	RACE HÉRACLIENNE.
610 Héraclius. Son fils	Fait la paix avec Siroès, roi de Perse. Siége de Constantinople par les Arabes. Jérusalem et Antioche sont prises par le calife Omar. Les Arabes se rendent maîtres de toute la Syrie.

ÈRE CHRÉTIENNE.	FAITS DÉTACHÉS.
641 Constantin III.	Meurt empoisonné par son frère Héracléonas.
641 Héracléonas.	S'empare du trône, dirigé par sa mère Martine. Le peuple se révolte. Exile Héracléonas et Martine, et fait couronner Constant qui n'avait qu'onze ans. Valens gouverne pour Constant pendant trois ans. Il est assassiné par la garde de son pupille.
641 Constant II. Son fils	Le Calife Omar se rend maître de toute l'Egypte. Prend Alexandrie dont il fait brûler la bibliothèque. L'empereur se brouille avec le pape. Protége les hérétiques. Fait la paix avec les Arabes. Détesté à Rome et à Constantinople, il meurt assassiné à Syracuse.
668 Constantin IV. Son fils	Invention du feu grégeois. Constantinople assigée pendant cinq ans par les Arabes. Ils sont battus et obligés de payer un tribut à l'empereur. Constantin se réconcilie avec le pape. Ses troupes sont battues par les Bulgares.
685 Justinien II.	Les Arabes lèvent sur les chrétiens un tribut qui existe encore de nos jours. Justinien voulant faire massacrer tous les habitans de Jérusalem, est fait prisonnier par Léonce qui l'envoie en exil dans le Cherson.
695 Léonce, usurpateur.	Ayant ainsi usurpé la couronne, il cherche à réprimer la fureur du peuple ; mais il ne peut sauver les ministres de Justinien que le peuple fait brûler. Premier doge de Venise, nommé par Léonce. Tibère usurpe le trône. Léonce est enfermé dans un couvent.
698 Tibère III, usurpateur.	Le kan promet d'envoyer à Tibère, Justinien II qui s'était réfugié chez lui et avait épousé sa sœur Théodora. Justinien se sauve chez les Bulgares ; aidé de leur roi Terbel, il marche sur Constantinople. Fait décapiter Tibère, et remonte ainsi sur le trône.

ÈRE CHRÉTIENNE.	FAITS DÉTACHÉS.
705 Justinien II, rétabli.	Ce tyran ne gouverne que six ans, universellement détesté tant par ses sujets que par ses alliés qui le méprisaient. Il meurt assassiné.
711 Philipique.	Tyran faible qui persécute l'Eglise. Il est enfermé dans un monastère après avoir eu les yeux crevés.
713 Anastase II.	Se soumet au pape. Est déposé et forcé de se faire moine.
716 Théodose III.	Nommé empereur malgré lui. Fait un traité honteux avec les Bulgares. Abdique en faveur de Léon.
	RACE ISAURIENNE.
718 Léon III. Son fils	L'empereur déposé s'étant révolté, Léon le fait décapiter. Édit contre les iconoclastes ou briseurs d'images. Se brouille avec le pape, qui est défendu par Charles Martel.
741 Constantin V. Son fils	Ce tyran cruel et faible persécute l'Eglise. Astolphe, roi des Lombards, s'empare de Ravenne et abolit l'exarchat qui avait duré deux cent quatre-vingt-cinq ans. Pépin-le-Bref reprend Revenne et le donne au pape Etienne III.
775 Léon IV.	Juste mais faible. Il protége les iconoclastes. Son fils lui succède.
780 Constantin VI, et Irène sa mère.	Règne sous la tutelle de sa mère Irène, qui est emprisonnée. Il rétablit le culte des images. Marche contre les Bulgares ; les deux armées prennent la fuite à la vue l'une de l'autre. Sa mère, Irène, sort de prison ; lui fait crever les yeux et le dépose.
797 Irène.	L'impératrice perd l'Italie qui est conquise par Charlemagne, qui est couronné empereur d'Occident. Depuis ce moment l'empire d'Orient est appelé empire Grec. Irène, déposée par Nicéphore, grand trésorier, est exilée à Mitylène, où elle meurt de douleur après avoir été obligée de filer pour gagner sa vie. Elle fut par ses crimes la Frédégonde de l'Orient.

ÈRE CHRÉTIENNE.	FAITS DÉTACHÉS.
802 Nicéphore.	Fait un traité avec Charlemagne pour le partage de l'empire. Battu par Araun-al-Raschild, il est forcé de lui payer un tribu. Meurt dans un combat contre les Bulgares.
Son fils	
811 Staurace.	Monstre cruel comme son père, est détrôné par son beau-frère.
811 Michel Ier.	Rétablit la paix dans l'Église. Conclut un traité avec Charlemagne. Abdique en faveur de Léon.
813 Léon V, l'Arménien.	Bat les Bulgares. Persécute l'Église. Pardonne à Michel-le-Bègue qui s'était révolté contre lui. Il est tué aux pieds des autels dans une révolte.
	RACE PHRYGIENNE.
820 Michel-le-Bègue.	Homme ignorant et cruel, défend qu'on apprenne à lire aux enfans. Laisse les Sarrasins démembrer l'empire.
Son fils	
829 Théophile I.	Favorise les iconoclastes. Remporte une grande victoire sur les Arabes. Ses deux plus fameux généraux furent : 1° Manuel, qui, après avoir sauvé la vie à l'empereur trois fois, est obligé de fuir chez les Arabes, Théophile voulant lui faire crever les yeux ; rappelé à Constantinople par l'empereur, il oublie son ingratitude et lui sauve encore la vie ; 2° Théophobe, issu des rois de Perse, avait épousé la sœur de l'empereur ; Théophile le fait décapiter.
Son fils	
842 Michel III.	N'ayant que trois ans, règne sous la tutelle de sa mère Théodora. Manuel refuse le trône et jure de défendre Michel. Rétablit le culte des images. Abandonné par sa mère et Manuel, il se livre à tous les excès. Menacé par les Arabes, il rappelle Manuel, qui, oubliant ses injures, accourt et bat les Arabes. Michel meurt assassiné par son favori Basile qui avait été son domestique.

ÈRE CHRÉTIENNE	FAITS DÉTACHÉS.
	RACE MACÉDONIENNE.
867 Basile Ier.	Fait oublier par de grandes qualités les crimes qui l'avaient fait monter sur le trône. Compose les Basiliques (Codes de lois abrégés et réformés). Rétablit la paix dans l'Église. Conclut un traité de paix avec les Russes. Il fut reconnaissant envers tous ceux qui l'avaient secouru dans sa jeunesse.
Son fils	
886 Léon VI.	Signe une paix honteuse avec Siméon, roi des Bulgares.
911 Constantin VII. Alexandre, son tuteur. Son beau-père	N'ayant que six ans à la mort de son père, son oncle Alexandre gouverne pour lui. Il meurt au bout d'un an, laissant son neveu sous la tutelle de sept hommes aussi incapables de gouverner que lui-même. Anarchie. Sa mère Zoé prend les rênes du gouvernement, et signe un traité honteux avec les Arabes. Zoé est rasée et enfermée dans un cloître avec son fils.
920 Romain, usurpateur.	Étienne, fils de Romain, conspire contre son père en faveur de Constantin qui remonte sur le trône.
945 Constantin VII, rétabli. Son fils	Poussé par sa femme Hélène, fait enfermer ses beaux-frères, Étienne et Constantin, avec leur père. Il protège les sciences, et meurt empoisonné par son fils Romain et sa belle-fille Théophano.
960 Romain II.	Prince faible et débauché. Son frère Léon et ses généraux Nicéphore et Phocas battent les Arabes. Théophano empoisonne son mari dans l'espoir de gouverner par ses fils.
963 Nicéphore.	Ce général épouse Théophano. Il est couronné par le patriarche. Paix avec Othon. Meurt assassiné.
969 Zimices, usurpateur.	Monte sur le trône après avoir empoisonné Nicéphore, à l'instigation de Théophano, qu'il renferme dans un monastère, et épouse Théodora, fille de Constantin VII. Il bat les Russes. Meurt empoisonné.

ÈRE CHRÉTIENNE.	FAITS DÉTACHÉS.
976 Basile II et Constantin VIII.	Son frère Constantin et lui avaient passé toute leur jeunesse avec le titre d'empereur, sous la tutelle de Nicéphore, Phocas et Zimicès; la mort de ce dernier leur rendit la liberté; ils rappellent à la cour leur mère Théophano. Othon, qui voulait conquérir l'Italie, est battu.
1028 Constantin VIII, seul.	Prince faible et débauché, était incapable de gouverner seul. Il choisit Romain pour lui succéder, en le forçant d'épouser sa sœur, quoiqu'il fût déjà marié à Hélène, jeune femme qui se fit religieuse pour sauver la vie de son mari. Théodora ayant appris la générosité d'Hélène, refuse d'épouser Romain ; mais sa sœur Zoé, moins délicate, l'accepte.
1028 Romain III.	Sa faiblesse encourage les ambitieux; Constantin Diogène, qui avait épousé Pulchérie, sœur de l'empereur, se met à la tête des conjurés. Zoé fait bannir Pulchérie et la force à prendre le voile; elle fait assassiner son mari Romain, et épouse Michel.
1034 Michel IV.	Se ligue avec les fils de Tancrède, et chasse les Sarrasins de la Sicile. Bat les Bulgares. Abdique en faveur de Michel-Calaphate et s'enferme dans un cloître.
1041 Michel V.	Voulant faire entrer Zoé dans un cloître, le peuple se révolte et lui crève les yeux.
1042 Constantin IX.	Zoé et Théodora gouvernent ensemble quoiqu'elles se détestent mutuellement. Leur courte administration est sage. On décide qu'une d'elle se marira. Zoé y consent et épouse Constantin Monomarque. Les fils de Tancrède s'établissent en Italie. Grand schisme des Grecs et des Latins. Les Russes sont battus.
1054 Théodora.	Son règne est sage et heureux. En mourant elle désigne Michel pour son successeur.

ÈRE CHRÉTIENNE.	FAITS DÉTACHÉS.
1056 Michel VI.	Abdique en faveur d'Isaac Comnène.
1057 Isaac Comnène.	Epouse Catherine, fille de Samuel, roi des Bulgares. L'entrée du saint sépulcre est défendue aux chrétiens. Isaac abdique en faveur de Constantin Ducas, et entre dans un monastère.
1059 Constantin Ducas.	Les Sarrasins lui vendent un quartier de la ville de Jérusalem pour les chrétiens.
1067 Romain Diogène.	Epouse Eudoxie, veuve de Constantin, qui le fait monter sur le trône au préjudice de ses enfans. Fait prisonnier par les Turcs, Michel conclut une paix avec eux.
1071 Michel VII Ducas.	Oursel, chef des Français, ravage l'Asie. Jean, oncle de l'empereur, marche contre lui avec son fils Andronic. Oursel est vaincu par Alexis Comnène. Nicéphore-Brienne se révolte contre l'empereur. Michel se fait moine.
1078 Nicéphore III.	Oursel, resté fidèle à l'empereur Michel, est empoisonné. Nicéphore, épouse Marie, veuve de Michel et fille d'Eudoxie. Elle adopte Alexis Comnène. L'empereur condamne à mort tous les Comnènes. Alexis se sauve. L'armée le proclame empereur.
1081 Alexis Comnène.	Par reconnaissance pour Marie, il s'associe son fils Constantin. Alexis est battu par les croisés normands. Sa fille, Anne Comnène, devient son historien. Elle épouse Nicéphore-Brienne, fils du fameux général de ce nom, qui avait été vaincu par Alexis. Première croisade, prêchée par Pierre l'ermite. Etablissement de la trève de Dieu. Les Bulgares massacrent les croisés. Godefroi de Bouillon, roi de Jérusalem. Baëmond, fils du Normand Robert Guiscard, qui prétendait à l'empire d'Orient, conclut la paix avec Alexis.
Son fils.	

ÈRE CHRÉTIENNE.	FAITS DÉTACHÉS.
1118 Jean Comnène-le-Beau.	Pardonne à Nicéphore-Brienne et à sa sœur qui avaient conspiré contre lui. Malgré sa laideur, le peuple lui donne le surnom de Beau, à cause de ses belles qualités. Fait la guerre aux Turcs et aux croisés pendant vingt-quatre ans. Conquit les Hongrois. Venise se rend indépendante. Son neveu Isaac se fait Turc.
1143 Manuel Comnène. Son fils	Epouse Berthe, belle-sœur de l'empereur Conrad d'Allemangne; elle prend le nom d'Irène. Deuxième croisade, prêchée par saint Bernard. Paix de trente ans entre l'empereur et Guillaume, roi de Sicile. Manuel épouse en secondes noces Marie d'Autriche. L'ordre des Templiers fondé. Saladin bat les chrétiens et fait la paix avec Manuel.
1180 Alexis II Comnène. Son cousin	Epouse Agnès, fille de Louis VII. Il règne sous la tutelle de sa belle-mère Marie d'Autriche, qui se brouille avec Agnès. Cette querelle cause une guerre civile. Andronic, cousin d'Alexis, s'empare de l'empereur sous prétexte de le protéger, et lui fait signer l'arrêt de mort de sa belle-mère, qui est étranglée ; il empoisonne sa cousine Marie, et finit par faire étrangler l'empereur.
1183 Andronic Comnène.	Ce nouveau Néron s'empare du trône. Isaac-Comnène est roi de Chypre. Alliance avec Saladin.
1185 Isaac l'Ange. Son frère	Proclamé empereur par le peuple, il livre Andronic à leur vengeance. Ils lui font souffrir des supplices horribles. Isaac altère les monnaies, augmente les impôts, et vend les magistratures. Bataille de Tibériade, qui enlève aux croisés la Terre-Sainte. Troisième croisade, prêchée par Foulques, curé de Neuilly. Frédéric Barberousse bat Isaac. Gui de Lusignan est roi de Chypre. Isaac est détrôné par son frère, qui lui fait crever les yeux et le fait emprisonner.

ÈRE CHRÉTIENNE.	FAITS DÉTACHÉS.
1195 Alexis l'Ange.	Est sauvé dans une sédition par le sang-froid et le courage de sa femme Euphrosine. Les Tancrèdes sont détrônés par Henri, empereur d'Allemagne. Alexis paie un tribut à l'empereur Henri VI. Henri Dandolo, doge de Venise, cédant à la prière d'Alexis, fils d'Isaac, vient à la tête des croisés assiéger Constantinople. L'empereur prend la fuite, et son frère remonte sur le trône.
1203 Isaac l'Ange, rétabli.	Jean Ducas fait révolter la garde des Varangues. Il emprisonne Isaac et son fils Alexis. Isaac meurt de peur en entendant les cris des factieux. Ducas étrangle Alexis.
1204 Jean Ducas Murzufle.	L'armée latine pille Constantinople et élit pour empereur Baudoin, comte de Flandre.
	EMPIRE LATIN.
1204 Baudoin Ier.	Partage de l'empire entre les Français et les Vénitiens. Murzulfle, banni par son beau-père Alexis à qui il avait fait crever les yeux, est pris par les Français. Baudoin le fait précipiter du haut d'une colonne. Guerre entre les croisés. Lascaris défend l'indépendance des Grecs en Natolie. Mort de Dandolo. Baudoin fait prisonnier; meurt de faim, déchiré par les oiseaux de proie.
1206 Henri de Flandre.	Bat les Bulgares; conclut une trêve avec Lascaris qui s'était fait couronner empereur à Nicée. Lascaris bat les Turcs et emprisonne son beau-père, Alexis l'Ange. Concile de Latran. Henri meurt empoisonné.
1216 Pierre de Courtenai, comte d'Auxerre.	Etait petit-fils de Louis-le-Gros et beau-frère de l'empereur Baudoin dont il avait épousé la sœur. Reçoit la couronne des mains du pape et part pour Constantinople. Fait prisonnier par Théodore, roi d'Epire, il meurt de chagrin. Sa femme Yolande, nommée régente, ne lui survit qu'un an. Philippe, son fils aîné, refuse la couronne. Robert, son oncle, est élu.

ÈRE CHRÉTIENNE.	FAITS DÉTACHÉS.
1218 Robert de Courtenai. Son frère Baudoin.	Convoque les barons français et vénitiens, et confirme le traité de partage, signé par Baudoin. Traité de paix conclu avec Lascaris. Jean Ducas Vatace succède à son beau-père Lascaris. L'Orient est divisé en quatre empires : Robert à Constantinople, Vatace à Nicée, Théodore à Tessalonique, et Alexis-Comnène à Trébisonde. Vatace bat Robert et tue ses deux beaux-frères.
1228 Jean de Brienne et Baudoin de Courtenai.	Baudoin n'étant âgé que de onze ans, Jean gouverne pour lui. Il est tué dans une bataille contre Vatace et Azan, roi des Bulgares, qui assiégeaient Constantinople.
1237 Baudoin, seul.	Cet empereur parcourt l'Europe pour mendier des secours contre ses ennemis. Il donne la couronne d'épines de Notre-Seigneur Jésus-Christ à saint Louis, roi de France. Vatace devient maître de tout l'empire d'Orient, excepté de Constantinople. Irruption des Tartares en Europe. Mort de Vatace. Son fils, Lascaris II, lui succède. Lascaris bat les Turcs. Jean Lascaris III et Michel Paléologue, empereurs grecs à Nicée, en 1260. Les combats singuliers et les épreuves du feu, sont abolis par Michel. Baudoin fait fondre tout l'or et l'argent des églises pour solder ses troupes. Constantinople est prise par les Grecs. Baudoin s'embarque pour l'Europe. Fin de l'empire latin en Orient.
	SECOND EMPIRE GREC.
1261 Michel Paléologue.	Entre en triomphe à Constantinople. Fait brûler les yeux de Lascaris III. Le pape l'excommunie. Bat Charles d'Anjou et les princes latins. Vêpres Siciliennes.

ÈRE CHRÉTIENNE.	FAITS DÉTACHÉS.
1282 Andronic II.	Se brouille avec le pape; bat les Tartares; cherche à faire périr son petit-fils Andronic.
1324 Andronic III. Son fils	Succède à son grand-père, contre qui il avait pris les armes pour défendre sa vie. Maître de Constantinople, il pardonne à ses ennemis et ne permet pas qu'on manque de respect à son grand-père. Force les Bulgares à lui demander la paix; bat les Turcs.
1341 Jean Paléologue et Cantacuzène.	Cantacuzène, régent, bat les Bulgares. Banni par l'impératrice mère Anne, il se fait élire empereur; revient à Constantinople et se fait sacrer avec Jean, à qui il donne sa fille en mariage. Paix avec les Génois. Cantacuzène abdique et se fait moine. Son fils Mathieu cherche à se faire proclamer empereur; vaincu par Jean, il se retire en Morée, près de son frère Manuel.
1353 Jean Paléologue. Son fils	Le corps des Janissaires est formé par le sultan Amurat II. Jean va à Rome demander des secours contre les Turcs. Mort de Gui de Lusignan, roi de Chypre. Jean, se voyant abandonné des chrétiens, se reconnaît vassal tributaire d'Amurat. Les chevaliers de Rhodes défendent Smyrne contre les Turs. Jean, chassé du trône par son fils Andronic, a recours à Amurat, qui force Andronic à le lui rendre. Amurat meurt assassiné. Bajazet, son fils, lui succède.
1391 Manuel Paléologue.	S'échappe des mains des Turcs et vient à Constantinople. Sigismond, roi de Hongrie, et les chevaliers français venus aux secours de l'empereur, sont battus par les Turcs. Manuel va demander du secours en France, en Italie et en Angleterre. Tamerlan protége les Grecs; il fait prisonnier Bajazet. Paix avec les Turcs. Manuel force les Turcs à lever le siége de Constantinople.

ÈRE CHRÉTIENNE.	FAITS DÉTACHÉS.
1425 Jean Paléologue II.	Achète la paix des Turcs. Réunion des Églises grecque et latine, sous le pape Eugène IV. Traité de paix avec Amurat, sultan des Turcs.
Son frère	
1448 Constantin Paléologue.	Prie Amurat de confirmer son élection. Guerre civile causée par la réunion des Églises latine et grecque. Mahomet II assiége Constantinople. Constantin y est tué, et les Turcs deviennent maîtres de l'empire.
	Fin de l'empire grec, renversé par Mahomet II, après avoir duré deux mille deux cent cinq ans, depuis la bataille d'Actium, et onze cent vingt-trois depuis la translation du siége impérial par Constantin-le-Grand à Constantinople, et onze cent quatre-vingt-huit depuis que l'empire était séparé de Rome.

HISTOIRE ECCLÉSIASTIQUE.

Deux cent soixante-deux papes depuis saint Pierre, l'an 33, jusqu'à Grégoire XVI, l'an 1831.

SAVOIR :

8 Aleaxndre.	2 Déodat.	5 Martin.	
6 Adrien.	4 Eugène.	5 Nicolas.	
4 Anastaes.	10 Etienne.	8 Pie.	
2 Agapet.	3 Félix.	5 Paul.	
14 Benoit.	16 Grégoire.	2 Pascal.	Quarante papes seuls de leur nom.
9 Boniface.	2 Gelase.	2 Pélage.	
3 Calixte.	4 Honorius.	5 Sixte.	
5 Célestin.	13 Innocent.	4 Sergius.	
14 Clément.	3 Jules.	2 Silvestre.	
2 Constantin.	23 Jean.	2 Théodose.	
2 Corneille.	12 Léon.	3 Victor.	
2 Damas.	4 Luce.	8 Urbain.	
2 Domnus.	2 Marcel.		

ÈRE CHRÉTIENNE.	FAITS DÉTACHÉS.
33 Saint Pierre.	Apôtre de Jésus-Christ, était pêcheur et s'appelait Simon. Pêche miraculeuse. Il marche sur l'eau. Notre-Seigneur lui donne le nom de Pierre et l'établit chef de l'Église, par ces paroles : « *Tu es Pierre, et sur cette Pierre je bâtirai mon Église ; les portes de l'enfer ne prévaudront jamais contre elle.* » Il renia trois fois Jésus-Christ, mais il en fit une pénitence sincère. Il fut le premier évêque de Rome. Après avoir siégé sept ans à Antioche, il fut crucifié la tête en bas, dans la première persécution des chrétiens sous Néron, l'an 66 de Jésus-Christ.
139 Hygin.	Introduction de l'usage des parrains et marraines. Consécration des églises.
251 Corneille Ier.	Commencement des moines dans les déserts de la Thébaïde.
314 Sylvestre Ier.	Conversion de Constantin. Concile de Nicée contre Arius qui s'était élevé contre la divinité de Jésus-Christ. On y fit le symbole de Nicée. Découverte de la sainte croix.
366 Damase Ier.	Usage des peintures dans les églises. Deuxième concile de Constantinople, sous l'empereur Théodose-le-Grand, pour la conversion des schismatiques.
417 Zozime.	Bénédiction des cierges pascals dans les paroisses.
422 Célestin Ier.	Troisième concile général d'Éphèse. Sainte Geneviève. Mort de saint Augustin, évêque d'Hippone.
440 Léon-le-Grand.	Les confessions publiques deviennent particulières. Jeûnes du carême, de la Pentecôte et des Rogations, établis. Va au devant d'Attila, roi des Huns, qui, cédant à sa prière, se retire au delà du Danube. Rome est pillée par Genséric, roi des Vandales, pendant quatorze jours.
496 Anastase II.	Clovis se fait baptiser. Anastase lui donne le titre de fils aîné de l'Église.

ÈRE CHRÉTIENNE.	FAITS DÉTACHÉS.
514 Hormisdas II.	L'ère chrétienne est mise en usage par Denis-le-Petit.
537 Vigile.	Cinquième concile de Constantinople, contre l'hérésie Nestorienne.
560 Jean III.	Conversion des Suèves.
590 Grégoire-le-Grand.	Rome ravagée par la peste. Conversion des Visigoths. Les Anglais sont convertis par le moine saint Augustin.
604 Sabinien.	On se sert des cloches dans les églises pour la première fois.
607 Boniface III.	Mahomet prêche sa religion.
617 Boniface V.	Asile dans les églises pour les criminels.
657 Vitalien.	Introduction des orgues dans les églises.
678 Agathon.	Sixième concile général de Constantinople.
708 Constantin.	Pèlerinages.
715 Grégoire II.	Dispute pour les images, qui dure 130 ans et accomplit la séparation de l'Église latine de l'Église d'Orient.
752 Etienne III.	Puissance temporelle des papes. Pépin lui donne l'exarchat de Ravenne.
884 Adrien III.	Décret pour que les papes soient consacrés sans l'intervention des empereurs.
946 Agapit II.	Conversion des Danois.
984 Jean XV.	Conversion des Russes. (Le rit grec.)
1033 Benoît IX.	Nomme des cardinaux.
1073 Grégoire VII.	Guerre des investitures. L'empereur d'Allemagne et le roi de Pologne, sont excommuniés. Le nom de pape donné plus particulièrement à l'évêque de Rome. Origine du patrimoine de saint Pierre. Mathilde, duchesse de Toscane, donne tous ses états au pape.

ÈRE CHRÉTIENNE.	FAITS DÉTACHÉS.
1087 Urbain II,	Première Croisade, prêchée par Pierre l'ermite.
1098 Pascal II.	Fondation des chevaliers de Malte.
1118 Gélase II.	Fondation des Templiers.
1119 Calliste II.	Neuvième concile général de Latran.
1130 Innocent II.	Faction des Guelfes, attachés aux papes, et des Gibelins, partisans des empereurs.
1145 Eugène III.	Deuxième Croisade, prêchée par saint Bernard.
1154 Adrien IV (Breakspear).	Est le seul pape Anglais. Donne l'Irlande à Henri II. Plantagenet.
1159 Alexandre III.	Guerre contre les Albigeois et les Vaudois. Thomas Becket est assassiné.
1187 Grégoire VIII.	Troisième Croisade. Prise de Jérusalem par Saladin. Le pape Urbain III meurt de douleur en apprenant cette nouvelle.
1191 Célestin III.	Chevaliers Teutoniques.
1198 Innocent III.	Quatrième Croisade. L'inquisition en Espagne.
1227 Grégoire IX.	Cinquième Croisade. Bataille de la Massoure.
1243 Innocent IV.	Sixième Croisade. Au concile de Lyon, les cardinaux prennent le rouge pour la première fois; ils prennent le chapeau rouge cinq ans après.
1265 Clément IV.	Septième Croisade, contre les Albigeois. Rome pillée par Conradin, qui est excommunié.
1294 Boniface VIII.	Institution des jubilés. Il ajoute la seconde tiare à celle qui avait été envoyée par Clovis au pape Symmaque : Jean XXII y ajouta la troisième.
1305 Clément V.	Le Saint-Siége transféré à Avignon. Concile général de Vienne contre les Templiers.

ÈRE CHRETIENNE.	FAITS DÉTACHÉS.
1370 Grégoire XI.	Souveraineté du pape sur l'Angleterre. Jean Wiclef.
1378 Urbain VI.	Grand schisme d'Occident, qui dure quarante ans ; il finit par le concile de Constance.
1410 Jean XXIII.	Seizième concile général de Constance, contre les Hussites.
1431 Eugène IV.	Dix-septième concile de Bâle, pour finir les schismes d'Allemagne. Pragmatique sanction, pour maintenir les libertés de l'Église gallicane.
1484 Innocent VIII.	Confirme le mariage de Henri VII, et la succession des Lancastres.
1492 Alexandre VI (Borgia).	Conquête d'Italie, par Charles VIII.
1503 Jules II.	Bulle contre le duel. Conduit lui-même le siége d'Alexandrie contre le duc de Ferrare. Donne le royaume de Naples à Ferdinand. Met le royaume de France en interdit. Rétablit Maximilien Sforce dans le duché de Milan ; les Médicis à Florence, et chasse les Français de Gênes. Pose la première pierre de l'église de Saint-Pierre.
1513 Léon X.	Concordat entre le pape et François Ier. Luther. Léon fait fleurir les lettres et les arts, et donne son nom à son siècle.
1522 Adrien VI.	Était précepteur de Charles-Quint. Secte des anabaptistes.
1523 Clément VII (Médicis).	L'Angleterre se sépare de l'Église de Rome.
1534 Paul III (Farnèse).	Genève embrasse la réformation. Henri VIII, excommunié. Etablissement des jésuites, par Ignace de Loyola. Vingtième concile de Trente, contre les luthériens. Calvin.
1559 Pie IV (Médicis).	Hugenots en France. Puritains en Angleterre.
1572 Grégoire XIII.	La Saint-Barthélemi. Le calendrier corrigé. Famine et sédition, à Rome. Ligue catholique. Saint Charles-Borromée, soigne les pestiférés, à Milan. Elisabeth d'Angleterre fait des lois contre les catholiques.

ÈRE CHRÉTIENNE.	FAITS DÉTACHÉS.
1585 Sixte-Quint.	Etait fils d'un vigneron; dans sa jeunesse il garda des porcs. Le père Michel-Ange l'ayant rencontré par hasard, fut si content du désir qu'il témoigna de s'instruire, qu'il le mena à son couvent, où il prit l'habit. Pour se faire élire pape, il feignit d'être malade. Il disait de lui-même : « Qu'il avait assez de force et de vigueur pour gouverner non seulement l'Église, mais le monde entier. » Avant son élection, il avait toujours passé pour être faible d'esprit et de cœur. Mort de Marie-Stuart. Assassinat du duc de Guise.
1605 Léon XI.	Les Maures sont chassés d'Espagne.
1644 Innocent X.	Jansénius ; ses partisans sont appelés jansénistes.
1676 Innocent XI.	Révocation de l'édit de Nantes, par Louis XIV.
1700 Clément XI.	Troubles en France, causés par la bulle Unigenitus contre les jansénistes.
1769 Clément XIV (Ganganelli).	Suppression de l'ordre des jésuites.
1775 Pie VI.	Dessèchement des marais Pontins. Fondation de l'hospice des Frères des Écoles chrétiennes. Grands troubles dans l'Eglise de France. Il meurt prisonnier à Valence.
1800 Pie VII.	Concordat avec Napoléon. Il vient en France sacrer Napoléon. Est retenu prisonnier à Fontainebleau. Retourne à Rome. Il rétablit les jésuites, en 1814.
1823 Léon XII.	
1829 Pie VIII.	
1831 Grégoire XVI.	

HISTOIRE D'ALLEMAGNE.

Av. J.-C.	
616	Sigovèse, prince gaulois, sort du Bourbonnais et des provinces voisines, et va former, à la tête de jeunes Boyens, des établissemens sur les rives du Danube, dans les pays appelés aujourd'hui Bohême et Bavière. On leur donna le nom d'Allemani (hommes divers). Guerre avec les Romains.
58	Jules-César bat Arioviste, passe le Rhin, et partage le pays en grande et petite Germanie.
ÈRE CHRÉTIENNE.	
9	Harminius ou Hermann massacre les légions romaines et tue leur chef Varus. Ses concitoyens le font mourir.
174	Les Marcomans sont battus par Marc-Aurèle. La légion fulminante.
310	Les Germains ravagent la Gaule. La religion chrétienne fait des progrès dans ce pays.
400	Les Vandales, les Alains et les Souabes s'emparent de l'Espagne; ils en sont chassés par les Visigoths, et vont fondre en Afrique le royaume des Vandales, sous leur roi Genséric. Les Anglais et les Saxons, conduits par Hengist et Horsa, vont dans la Grande-Bretagne. Les Hérules, peuples de la Prusse, sous leur roi Odoacre, renversent les empereurs de Rome. Les Lombards se rendent maîtres de la Pannonie, d'où ils passent en Italie. Les Francs font la conquête de la Gaule. Tous ces peuples sont remplacés par les Slaves, descendans des Sarmates, et par les Scythes, qui s'avancent jusqu'à l'Elbe et au delà de la Bohême.
481	Les Allemands sont battus par Clovis à la bataille de Tolbiac. Clovis passe le Rhin et conquiert le pays voisin. Ses fils imitent son exemple, et étendent leurs conquêtes en Allemagne.
625	Bertoalde, roi saxon, est battu par Clovis II, qui fit périr tous les mâles qui étaient plus grands que son épée.

SIX ROIS DE FRANCE ET D'ALLEMAGNE, EMPEREURS D'OCCIDENT.

ÈRE CHRÉTIENNE.	FAITS DÉTACHÉS.
750 Pépin-le-Bref, fils de Charles-Martel. Son fils	Saint Boniface, archevêque de Mayence, sacre Pépin. C'est d'après cela que les archevêques de Mayence fondent leur droit de sacrer les empereurs d'Allemagne. Astolphe, roi des Lombards, assiége Rome. Il est vaincu par Pépin, qui lui reprend l'exarchat de Ravenne.
768 Charlemagne. Son fils	Soumet les Saxons et conquiert les Westphaliens; ils se révoltent de nouveau sous leur chef Witikind. Charlemagne le force à se soumettre et à se faire baptiser avec son frère Albion. Tassillon, duc de Bavière, s'étant révolté, l'empereur l'envoie à l'abbaye de Gemblouis, et divise son duché en comtés. Premier exemple du droit des princes allemands de n'être jugés que dans les assemblées générales des états. Charlemagne repousse les Huns ou Hongrois, qui avaient secouru Tassillon jusqu'au delà du Raab, qui devient la frontière de l'empire des Francs. Il établit des margraves pour défendre les frontières de la Bavière. Origine du margraviat, depuis duché d'Autriche.
814 Louis-le-Débonnaire. Son fils	Il permet aux Saxons de retourner dans leur pays. Donne l'Allemagne à son fils Louis, dit le Germanique. Diète de Worms. L'empereur fait un nouveau partage de ses états, et donne la Souabe, la Bavière et la Bourgogne à son fils Charles-le-Chauve. Guerre de Danemarck pour rétablir Harald sur le trône d'où ses sujets l'avaient chassé.
840 Lothaire. Son fils	Première époque du droit public de l'Allemagne. Dès lors elle obéit à des princes particuliers et indépendans de la France.
855 Louis II, le Germanique.	Établit des ducs dans ses états. Ludolf fut le premier grand-duc de Saxe. Il soumet la Bohême et fait la paix avec les Normands.

ROIS DE FRANCE, EMPEREURS D'ALLEMAGNE.

ÈRE CHRÉTIENNE.	FAITS DÉTACHÉS.
875 Charles-le-Chauve, fils de Louis-le-Débonnaire.	Louis-le-Germanique, en mourant, donne la Bavière à Carloman, son fils. Charles-le-Chauve s'empare de l'Italie. Carloman la lui dispute, et prend le titre de roi de Bavière et d'Italie.
881 Charles-le-Gros, fils de Louis-le-Germanique, était déjà roi de Souabe.	Est couronné empereur par le pape Jean VIII. Réunit toute la monarchie de Charlemagne. Il est nommé régent en France pendant la minorité de son neveu, Charles-le-Simple. Trop faible pour gouverner, il est déposé par ses sujets.
888 Arnould, fils de Carloman, roi de Bavière. Son fils	L'Allemagne devient une couronne élective et pour toujours séparée de la France. Arnould défait les Normands et soumet le duché de Bohême. Il est couronné empereur par le pape Formose. Les Romains lui prêtent serment de fidélité. Il meurt empoisonné par la veuve de Guy, ci-devant duc de Spolette et roi d'Italie, qui s'était fait proclamer empereur.
900 Louis IV, l'Enfant. Son neveu	Les Lorrains se soumettent à l'empereur, après avoir tué leur roi. Guerre des Huns. Avec Louis IV finit la race Carlovingienne en Allemagne.
911 Conrad de Franconie.	Les princes d'Allemagne se révoltent contre Conrad. Les Lorrains se donnent à Charles-le-Simple, roi de France. Les rebelles se soumettent à l'empereur. L'Allemagne est ravagée par les Huns. Conrad meurt d'une blessure qu'il avait reçue dans une bataille contre eux.

FAMILLE DE SAXE : donne cinq rois.

EMPEREURS.	RÈGNE	MEURT AGÉ DE	FEMMES.	CONTEMPORAINS.	BATAILLES DE	GAGNÉES PAR	CONTRE	FAITS DÉTACHÉS.
ÈRE CHRÉTIENNE. 919 Henri Ier, dit l'Oiseleur. Son fils	17 ans.	60 ans.	Hatburge d'Alstat. Mathilde de Ringelheim.	Charles-le-Simple. Athelstan. Robert de Paris. Raoul de Bourgogne. Hérold VI, de Danemarck, premier roi chrétien de ce pays	Wurtzen. Mersebourg	Hongrois. Henri Ier.	Henri Ier. Les Huns.	Fut appelé l'Oiseleur, parce qu'il était à la chasse aux oiseaux quand on vint lui annoncer qu'il était élu empereur. Les ducs de Souabe et de Bavière se soumettent à l'empereur. Guerre avec la France. Invasion des Huns. Il oblige ses sujets à vivre dans des villes. Guerre contre les Esclavons. Henri rend la Bohême tributaire. Il chasse les Huns de l'Autriche.
936 Othon Ier, le Grand. Son fils	37 ans.	60 ans.	Edith d'Angleterre. Adélaïde de Bourgogne.	Louis IV, d'outremer. Lothaire. Athelstan. Henri-le-Querelleur. Conrad-le-Sage. Hérold, roi de Danemarck. Éric VII, de Suède. Éric VIII, de Suède.	Augsbourg.	Othon-le-Grand.	Les Huns.	Mathilde, sa mère, essaie de le détrôner pour placer son second fils, Henri-le-Querelleur, sur le trône. Othon reconnaît ne devoir la couronne qu'à l'élection des états. A la mort de Rodolphe II, il prend la régence des deux Bourgognes. Tanemar, son frère aîné, se révolte contre lui, il est tué dans une église. Othon donne le duché de Bavière à son frère Henri, et la Lorraine à Conrad-le-Sage, duc de Franconie. Guerre contre les Danois; leur roi, Hérold, s'engage à payer un tribut annuel. Boleslas, duc de Bohême, se reconnaît vassal de l'empire. Le pape Léon VIII accorde à Othon et à ses successeurs le droit de nommer des papes. Guerre avec l'empire d'Orient. Il fait la conquête de l'Italie.

EMPEREURS.	RÈGNE	MEURT ÂGÉ DE	ÉPOUSES.	CONTEMPORAINS.	FAITS DÉTACHÉS.
973 Othon II.	10 ans.	28 ans.	Théophanie.	Lothaire. Etheldred. Olaus, premier roi de Suède chrétien.	Renvoie sa mère Adélaïde de la cour ; elle se réfugie en Bourgogne près de son fils Conrad. Lothaire surprend l'empereur à Aix-la-Chapelle, et conclut peu après une paix avec lui. Lothaire renonce à la Lorraine en faveur de l'Allemagne et de son frère Charles. L'empereur meurt empoisonné ; on soupçonne Théophanie de ce crime.
Son fils					
983 Othon III.	18 ans.	22 ans.		Hugues-Capet. Robert-le-Pieux. Etheldred.	La régence est usurpée par Henri, duc de Bavière, qui retient le jeune prince prisonnier. Il est délivré par l'archevêque de Mayence et remis à sa mère Théophanie, qui est chargée de la régence, de concert avec Adélaïde. Son précepteur Gerbert est élu pape, sous le nom de Sylvestre II. Querelles entre les régentes ; sa grand'mère Adélaïde est forcée de se retirer. L'empereur protége le pape contre Crescence, fils de Théodora, qui avait causé de grands troubles à Rome. Crescence, fait prisonnier, est précipité d'une tour ; sa veuve Etiennette empoisonne l'empereur.
Son cousin					
1002 Henri II, le saint, petit fils de Henri-le-Querelleur, et arrière-petit-fils de Henri-l'Oiseleur.	22 ans.	52 ans.	Cunégonde de Luxembourg.	Robert-le-Pieux. Edmond-Côte-de-Fer. Boleslas Ier, roi de Pologne.	Il s'empare de Pavie, et se fait couronner roi d'Italie. Révolte d'Ardoin, marquis d'Ivry. Etant dépouillé par Henri de toutes ses terres, il se renferme dans un monastère. L'empereur Henri II et sa femme sont canonisés.

FAMILLE DE FRANCONIE : donne cinq rois.

EMPEREURS.	RÈGNE	MEURT AGÉ DE	ÉPOUSES.	CONTEMPORAINS.	BATAILLES DE	GAGNÉES PAR	CONTRE	FAITS DÉTACHÉS.
1024 Conrad II, duc de Franconie. Son fils	16 ans.		Giselle de Souabe.	Robert-le-Pieux. Henri Ier. Canut-le-Grand. Harold.				Conrad épouse Giselle, qui lui apporte des droits sur le royaume des deux Bourgognes. Les ducs d'Allemagne se révoltent contre lui. Il les soumet tous. Conrad prend possession du royaume des deux Bourgognes à la mort de Raoul III. Combats particuliers.
1039 Henri III. Son fils	17 ans.	39 ans.	Cunégonde de Danemarck. Agnès de Poitou.	Henri Ier, roi de France Hardicanute. Alfred-le-Grand. Edouard-le-Confesseur.				Il protége Pierre-le-Hongrois contre ses sujets révoltés; trève de Dieu. Les Romains promettent de ne plus choisir de pape sans le consentement de l'empereur, qui est déclaré patrice de Rome. Concile de Mayence tenu par Léon IX en personne, contre les simoniaques. Robert Guiscart, duc des Normands, fait prisonnier Léon IX.
1056 Henri IV. Son fils	50 ans.	56 ans.	Berthe d'Ivrée. Adélaïde de Russie.	Harold. Henri Ier, de France. Guillaume-le-Conquérant. Grégoire VII, pape. Philippe Ier, roi de France.	Volhsheim.	Henri IV.	Son fils Rodolphe.	Règne sous la tutelle de sa mère, Agnès de Poitou. Révolte des Saxons; leur chef Othon est tué. Les Normands reconnaissent tenir en fief mouvant du Saint-Siége leurs conquêtes en Calabre. Origine de la suzeraineté des papes sur le royaume de Naples. Les querelles de l'empereur avec les papes font le malheur de son règne; il est détrôné par son fils, et meurt en exil.

SUITE DE LA FAMILLE DE FRANCONIE.

EMPEREURS.	RÈGNE	MEURT ÂGÉ DE	ÉPOUSES.	CONTEMPORAINS.	BATAILLES DE	GAGNÉES PAR	CONTRE	FAITS DÉTACHÉS.
1106 Henri V.	19 ans.	44 ans.	Mathilde d'Angleterre, qui épousa en 2es noces Geoffroi Plantagenet, et fut mère de Henri II.	Philippe 1er. Louis VI, le Gros. Henri Ier, d'Angleterre.	Werffersholtn	Les Saxons.	Henri V.	La Hongrie se soustrait à la souveraineté que les empereurs prétendaient exercer sur elle. L'empereur renonce aux droits de nommer les évêques. Il est excommunié. La comtesse Mathilde, en mourant, laisse tous ses états au pape, ce qui cause une guerre entre le Saint-Siége et l'empire. Henri signe un traité avec le pape, par lequel il lui abandonne toutes ses prérogatives.
1125 Lothaire II, de Supplembourg.	12 ans.	62 ans.	Richilde de Saxe	Henri 1er, d'Angleterre. Étienne. Louis VI, le Gros. Saladin.				Est proclamé empereur par l'archevêque de Mayence et la petite noblesse, malgré l'opposition de presque tous les princes d'Allemagne, ce qui amène une guerre entre eux. Guerre de Bohême. Conrad de Franconie est élu roi d'Italie; il est excommunié. Lothaire rétablit le pape Innocent II sur le Saint-Siége. Interrègne d'un an après sa mort.

FAMILLE DE SOUABE : donne sept rois.

EMPEREURS.	RÈGNE	MEURT AGÉ DE	ÉPOUSES.	CONTEMPORAINS.	FAITS DÉTACHÉS.
1137 Conrad III, neveu de Henri V. Son neveu	14 ans.	58 ans.	Gertrude de Sultzbach.	Louis VII, le Jeune. Étienne. Saint Bernard. Saladin. Thomas Becket.	Commencement des guerres des Guelfes, qui étaient contre l'empereur, et des Gibelins, qui étaient pour le pape. Diète de Francfort, qui rétablit dans son duché de Saxe Henri-le-Lion. Les Juifs, massacrés par les croisés, se réfugient sur les terres héréditaires de Conrad. L'empereur part pour la croisade; il meurt empoisonné par Roger, roi de Sicile.
1152 Frédéric Ier, Barberousse. Son fils	38 ans.	69 ans.	Adélaïde de Volebourg. Béatrice de Bourgogne.	Louis VII, le Jeune. Philippe II, Auguste. Étienne. Henri II, Plantagenet. Richard-Cœur-de-Lion. Alexandre III, pape. Henri-le-Lion. Adrien IV, pape. Manuel Comnène, empereur d'Orient.	Diète de Constance. Répudie sa femme Adélaïde pour cause de parenté. Fin des querelles entre Henri-le-Lion, duc de Bavière, et le margrave d'Autriche. Les états du comté de Bourgogne et du royaume d'Arles promettent de payer un tribut annuel à l'empereur. Frédéric se brouille avec le pape au sujet de l'allégeance que l'empire devait au Saint-Siége. Il prend et détruit la ville de Milan; battu par les Italiens à Côme; Frédéric se réconcilie avec le pape Alexandre III, qui l'absout. Henri-le-Lion, dépouillé de toutes ses possessions à la diète de Wurtzbourg pour avoir refusé de secourir l'empereur contre les Italiens, se défend pendant trois ans; il finit par demander grâce. Frédéric part pour la troisième croisade, et meurt près de Séleucie.

SUITE DE LA FAMILLE DE SOUABE.

EMPEREURS.	RÈGNE	MEURT ÂGÉ DE	ÉPOUSES.	CONTEMPORAINS.	BATAILLES DE	GAGNÉES PAR	CONTRE	FAITS DÉTACHÉS.
1190 Henri VI. Son frère	7 ans.	32 ans.	Constance de Sicile.	Philippe II. Richard-Cœur-de-Lion. Saladin. Guy de Lusignan. Alexis l'Ange. Tancrède.				Léopold, duc d'Autriche, fait prisonnier Richard-Cœur-de-Lion. L'empereur force Léopold à lui remettre son prisonnier, qu'il retient captif quinze mois. Après la mort de Tancrède, Henri VI s'empare de la Sicile. Sa femme, Constance, l'empoisonne pour se venger de ses cruautés sur la famille de Tancrède et sur les Siciliens.
1198 Philippe.	11 ans.	34 ans.	Irène de Sicile.	Jean-sans-Terre. Innocent III, pape. Baudoin V, comte de Flandre, empereur latin. Gengiskan, emper. des Mogols.				Il usurpe la couronne sur son neveu Frédéric II. Les princes allemands lui suscitent un rival dans la personne de Bertholde de Zœhrinhen. Le pape lui oppose Othon, fils de Henri-le-Lion. Philippe se réconcilie avec le pape Innocent III. Il meurt assassiné à Bamberg.
1208 Othon IV, de Brunswick, fils de Henri-le-Lion.	6 ans.	40 ans.	Marie de Brabant Béatrice, fille de l'emper. Philippe. Marie, fille de Henri IV.	Philippe II, Auguste. Jean-sans-Terre. Baudoin V. Gengiskan, emper. des Mogols.	Bouvine.	Les Français.	Othon.	Termine les troubles d'Allemagne en montant sur le trône. Il se brouille avec le pape; punit de mort Othon de Wittelspach, meurtrier de Philippe. Il abdique en faveur de Frédéric, fils de l'empereur Henri VI, qui avait été appelé au trône par les princes allemands. Après la mort d'Othon, ses terres de Brunswick passent à son frère Guillaume à la Longue-Épée, qui est la souche de la maison royale et électorale d'Angleterre et de Hanovre.

SUITE DE LA FAMILLE DE SOUABE.

EMPEREURS.	RÈGNE	MEURT ÂGÉ DE	ÉPOUSES.	CONTEMPORAINS.	BATAILLES DE	GAGNÉES PAR	CONTRE	FAITS DÉTACHÉS.
1212 Frédéric II. Son fils	38 ans.	57 ans.	Constance d'Aragon. Yolande de Jérusalem. Isabelle d'Angleterre.	Philippe II Auguste. Louis VIII, le Lion. Louis IX, St. Louis. Jean-sans-Terre. Henri III. Grégoire IX. Pierre II, d'Aragon. Innocent IV. Michel Paléologue, empereur grec.	Curia-Nova.	Frédéric.	Les Lombards	Révolte des Lombards et des Milanais. Frédéric se brouille avec le pape Grégoire IX, qui l'accusait d'avoir usurpé le trône de Jérusalem sur son beau-père, Jean de Brienne. Révolte de Henri VII contre son père Frédéric; il entraîne dans son parti Louis de Bavière, que le Vieux de la Montagne, allié de l'empereur, fait assassiner. Henri est fait prisonnier par son père, qui l'envoie finir ses jours en Sicile. Brouillerie avec le pape, qui demande l'héritage de la princesse Mathilde. Frédéric soumet les villes révoltées d'Italie, et marche contre Guillaume, comte de Hollande, que le pape avait élu empereur. Frédéric meurt empoisonné par son fils Rainfroi, qui, trouvant que le poison n'opérait pas assez vite, étouffa son père sous une pile de carreaux.
1250 Conrad IV.	4 ans.	26 ans.	Elisabeth de Bavière.	Saint Louis. Henri III. Innocent IV. Michel Paléologue.				Défait les troupes du pape. Conrad meurt empoisonné par son frère Mainfroi, laissant un fils à peine âgé de deux ans, qui fut Conrad-le-Jeune. Après la mort de Conrad, il y eut l'anarchie la plus complète, qui dura vingt ans.

SUITE DE LA FAMILLE DE SOUABE.

EMPEREURS.	RÈGNE	MEURT AGÉ DE	ÉPOUSES.	CONTEMPORAINS.	FAITS DÉTACHÉS.
1254 Guillaume de Hollande.	2 ans.	29 ans.	Elisabeth de Brunswick	Saint Louis. Henri III. Michel Paléologue.	Mainfroi recouvre le royaume de Naples pour son neveu, Conrad-le-Jeune. Il se brouille avec le pape au sujet de la Sicile. Anarchie causée par la faiblesse de l'empereur. Ligue du Rhin, approuvée par l'empereur, contre les anarchistes. Guillaume marche contre les Frisons révoltés; il est tué dans une embuscade.
1256 Richard de Cornouailles, fils de Jean-sans-Terre.	14 ans.	62 ans.	Isabelle de Pembroke. Sanchette de Provence. Béatrice de Hobenstetten.	Saint Louis. Philippe-le-Hardi. Henri III. Édouard Ier. Michel Paléologue.	Alphonse de Castille lui dispute la couronne, mais la révolte des Castillans l'empêche d'aller en Allemagne, et Richard est élu empereur. Croisade contre Mainfroi; il bat les croisés et s'empare de la couronne de Sicile, au préjudice de son neveu Conrad-le-Jeune. Richard va en Angleterre aider son frère, Henri III, contre son peuple révolté; il est fait prisonnier par Simon de Montfort. Mainfroi est tué dans une bataille contre Charles d'Anjou, frère de saint Louis, à qui le pape avait donné la Sicile. Conrad-le-Jeune lui dispute le trône; il est fait prisonnier avec Frédéric de Bade et décapité. Richard, déposé par ses sujets, se sauve en Angleterre. Interrègne de deux ans. Sous la famille de Souabe fut complétée la séparation de l'Italie, et l'autorité impériale en Allemagne fut anéantie.

FAMILLE D'HAPSBOURG : donne cinq empereurs.

EMPEREURS.	RÈGNE	MEURT AGÉ DE	ÉPOUSES.	CONTEMPORAINS.	FAITS DÉTACHÉS.
1273 Rodolphe Ier. Son fils	18 ans.		Anne de Hohenberg. Elisabeth de Bourgogne	Philippe-le-Hardi. Philippe-le-Bel. Henri III. Edouard Ier.	Se brouille avec le pape, qui l'excommunie. Bataille de Marschfeld, gagnée par l'empereur sur Othocan, roi de Bohême, qui y est tué. Vêpres siciliennes. Paix générale. Après sa mort il y eut un interrègne d'un an.
1291 Adolphe de Nassau.	6 ans.		Imagina de Luxembourg.	Philippe-le-Bel. Édouard Ier. Boniface VIII.	Fut élu empereur à cause de la faiblesse de son caractère. Troubles de Thuringe, qui durent cinq ans. L'empereur est déposé par les électeurs, qui élisent empereur Albert d'Autriche. Bataille de Gelheim, près Worms; Adolphe est tué dans cette bataille par Albert.
1298 Albert Ier, fils de l'empereur Rodolphe Ier.	10 ans.	60 ans.	Elisabeth de Tirol.	Philippe-le-Bel. Édouard Ier. Clément V. Édouard II.	Albert bat l'armée des électeurs du Rhin; se réconcilie avec le pape. On soupçonne Albert d'avoir fait assassiner Wenceslas V, roi de Bohême. La Suisse se rend indépendante. Gesler est tué par Guillaume Tell. Albert marche contre les révoltés, et meurt assassiné par son neveu Jean d'Autriche. Interrègne de six mois, après sa mort.

FAMILLE DE LUXEMBOURG : donne six empereurs.

EMPEREURS.	RÈGNE	MEURT ÂGÉ DE	ÉPOUSES.	CONTEMPORAINS.	BATAILLES DE	GAGNÉES PAR	CONTRE	FAITS DÉTACHÉS.
1308 Henri VII, de Luxembourg.	4 ans.	51 ans.	Marguerite de Brabant.	Philippe-le-Bel. Édouard II. Clément V.				Frédéric-le-Bel, d'Autriche, fils d'Albert, et Charles de Valois, se disputent la couronne. Les électeurs, pour finir cette querelle, élisent à l'empire Henri VII, que le pape Clément V leur avait recommandé. Jean de Prague, fils de l'empereur, monte sur le trône de Bohême, à la place de Henri de Bohême, chassé par son peuple. Continuation des guerres des Guelfes et des Gibelins. Henri s'empare du Milanais; se brouille avec le pape, et meurt, dit-on, empoisonné.
1313 Louis V, de Bavière.	33 ans.	63 ans.	Béatrice de Silésie. Marguerite de Hollande.	Philippe-le-Bel. Louis-le-Hutin. Philippe-le-Long. Charles IV, le Bel. Philippe de Valois. Edouard II. Edouard III.	Eslingen. Mosgartin. Mukldorf.	Succès Les Suisses. Louis V.	Incertain. L'empereur. Le duc d'Autriche.	Guerre civile. Les Gibelins se soumettent à Louis. Frédéric-le-Bel, duc d'Autriche, et son frère Henri, sont faits prisonniers. Louis se brouille avec le pape, au sujet du droit du Saint-Siége à nommer un empereur. Louis V et Frédéric-le-Bel conviennent de régner ensemble. Guerre entre l'empereur et le roi de Bohême. Rienzi, élu tribun à Rome; il est retenu prisonnier sept ans, et meurt assassiné.
1347 Charles IV, petit-fils de Henri VII. Son fils	31 ans.	63 ans.	Blanche de Valois. Anne. Anne de Silésie. Elisabeth de Poméranie.	Philippe de Valois. Jean II, le Bon. Charles V, le Sage. Edouard III. Richard II.				Était déjà roi de Bohême. Bulle d'or donnée par Charles IV. Loi fondamentale de l'empire germanique, qui consacre les sept électeurs primitifs. Persécution des juifs. Le Saint-Siége retourne à Rome, sous Grégoire II, après avoir demeuré soixante-dix ans à Avignon. Charles IV était très savant.

SUITE DE LA FAMILLE DE LUXEMBOURG.

EMPEREURS.	RÈGNE	MEURT ÂGÉ DE	ÉPOUSES.	CONTEMPORAINS.	BATAILLES DE	GAGNÉES PAR	CONTRE	FAITS DÉTACHÉS.
1378 Venceslas.	22 ans.	58 ans.	Jeanne de Hollande. Sophie de Bavière.	Charles VI, l'Insensé Henri IV.	Sempach. Weyl. Worms.	Les Suisses. Les princes. Les princes.	L'Autriche. Les Citadines. Les Citadines.	Il essaie de réformer les mœurs du clergé. Favorise Jean Huss. Diète de Nurembourg, convoquée par l'empereur pour pacifier l'empire. Guerre civile entre les princes et les villes. Révolte des Bohêmes contre l'empereur. Il abdique l'empire et vit tranquillement comme roi de Bohême.
1400 Robert Ier, comte palatin.	10 ans.	58 ans.	Elisabeth de Nurembourg.	Charles VI, l'Insensé Henri IV.	Lac de Garde.	Jean Galleace.	Robert.	Henri de Waldeck assassine Frédéric de Brunswick, élu empereur par les quatre électeurs qui avaient déposé Venceslas. Robert assiège Francfort pendant six semaines.
1410 Sigismond, fils de Charles IV.	27 ans.	70 ans.	Marie de Hongrie. Barbe de Cillery, appelée la Messaline d'Allemagne	Charles VI, l'Insensé Charles VII, le Victorieux. Henri IV. Henri V. Henri VI. Jean Huss. Jean Gerson. Urbain VI. Jean Wiclef. Boniface IX.	Auska. Boehmisch-Broda.	Ziska. Comte de Neuhaus.	Sigismond. Procope.	Était déjà roi de Hongrie. Il cherche à rétablir l'union dans l'état et dans l'Église. Concile de Constance. Jean Huss est brûlé comme hérétique. Révolte de la Bohême. Jean de Trosnon, surnommé Ziska ou le Borgne, meurt de la peste. Procas-le-Rat lui succède. Concile de Bâle. Guerre civile en Bohême. La Bohême se soumet à l'empereur. Cette guerre des hussites dura près de vingt ans.

LIGNE AUTRICHIENNE.

EMPEREURS.	RÈGNE	MEURT ÂGÉ DE	ÉPOUSES.	CONTEMPORAINS.	BATAILLES DE	GAGNÉES PAR	CONTRE	FAITS DÉTACHÉS.
1438 Albert II.	1 an.	46 ans.	Elisabeth, fille de l'emp. Sigismond	Charles VII. Henri VI.				Descendait, par son père, de l'empereur Albert Ier; il est roi de Hongrie et de Bohême. Amurat II, sultan des Turcs, qui s'était emparé de la Servie.
1440 Frédéric III. Son fils	53 ans.	78 ans.	Eléonore de Portugal.	Charles VII. Louis XI. Charles VIII. Henri IV. Edouard IV. Richard III. Henri VII. Thomas Becket.	Varna. Guingat. Ranson. Morat. Nancy.	Les Turcs. Louis XI. Les Suisses. Les Suisses. Les Suisses.	Ladislas. Maximilien. Charles-le-Téméraire. Charles. Charles.	Ce prince était d'un caractère faible et irrésolu; il se rendit odieux par son avarice. Naissance de Ladislas, fils postume d'Albert II; sa mère le fait couronner roi de Hongrie, sur ses genoux; elle se sauve avec lui en Autriche, où elle défend ses droits contre l'empereur. Ladislas VI, régent de Pologne et de Hongrie, fait la guerre aux Turcs. Il périt à la bataille de Varna. Les états de Hongrie demandent leur jeune empereur, Ladislas-le-Posthume, que Frédéric élevait à sa cour. Il refuse de le leur rendre. La Bohême lui déclare la guerre. Mort de Philippe-Marie-Galéas, dernier duc de Milan de la maison de Visconti. Milan demande à être érigé en république. Le duc d'Orléans le réclame du chef de sa mère, Valentine, fille de Jean Galéas. Alphonse, roi de Naples, fonde son droit sur le Milanais, sur un testament du duc Philippe. Guerre entre l'empereur et Charles-le-Téméraire. L'Autriche est érigée en archiduché.

SUITE DE LA LIGNE AUTRICHIENNE.

EMPEREURS.	RÈGNE	MEURT ÂGÉ DE	ÉPOUSES.	CONTEMPORAINS.	BATAILLES DE	GAGNÉES PAR	CONTRE	FAITS DÉTACHÉS.
1493 Maximilien Ier. Son petit-fils	26 ans.	60 ans.	Marie de Bourgogne. Blanche Sforce.	Charles VIII. Louis XII. François Ier. Henri VII. Henri VIII. Gonzalve de Cordoue	Fornoue. Aiguadel. Marignan.	Charles VIII Louis XII. François Ier.	Les ligués. Les Vénitiens. Les Suisses.	Réunit tous les domaines de sa maison. Charles VIII vient en Italie faire valoir ses droits sur le royaume de Naples. Louis Sforce-le-Maure empoisonne son neveu, Jean Galéas, et s'empare du duché de Milan au préjudice de François Sforce. Ligue de Venise contre Charles VIII. Gonzalve de Cordoue recouvre le royaume de Naples pour Ferdinand. Louis XII s'empare de Milan, et envoie Louis Sforce-le-Maure, prisonnier en France. Martin Luther. Premier établissement des postes en Allemagne, par François de la Tour et Taxis. Acquisition des Pays-Bas.
1519 Charles-Quint. Son frère	28 ans.	59 ans.	Isabelle de Portugal.	François Ier. Henri II. Soliman, emp. turc. Philippe II, d'Espagne. Edouard VI. Marie.	Bicoque.	Charles V.	François Ier.	Était déjà roi d'Espagne. Guerre contre la France. Le connétable de Bourbon passe au service de l'empereur. Confession d'Augsbourg. Les Turcs envahissent l'Autriche. L'empereur va en France. Concile de Trente. Charles-Quint donne l'Espagne à son fils Philippe II, et abdique l'empire en faveur de son frère Ferdinand. Fameuse division de la ligue autrichienne en espagnole et en allemande.

SUITE DE LA LIGNE AUTRICHIENNE.

EMPEREURS.	RÈGNE	MEURT ÂGÉ DE	ÉPOUSES.	CONTEMPORAINS.	BATAILLES DE	GAGNÉES PAR	CONTRE.	FAITS DÉTACHÉS.
1558 Ferdinand Ier. Son fils	6 ans.	60 ans.	Anne de Bohême	Henri II. François II. Charles IX. Élisabeth. Marie Stuart.				La Bohême et la Hongrie sont toujours restées dans la maison d'Autriche depuis son règne.
1564 Maximilien II. Son fils	12 ans.	49 ans.	Marie, fille de Charles V.	Charles IX. Henri III. Élisabeth.				Ligue des Gueux dans les Pays-Bas contre Philippe II d'Espagne. Commencement des troubles religieux dans les Pays-Bas. Les protestans d'Autriche peuvent exercer librement leur religion.
1576 Rodolphe II. Son frère	36 ans.	59 ans.		Élisabeth. Henri III. Henri IV. St. Charles Borromée Grégoire XIII.	Bitschin.	Maximilien.	Rodolphe.	Guerres civiles et religieuses. L'archiduc Maximilien renonce à la couronne de Pologne, craignant son frère Mathias. Ce prince superstitieux tombe dans une noire mélancolie qui le fait mourir.
1612 Mathias.	7 ans.	63 ans.	Anne d'Autriche	Henri IV. Jacques Ier. Sixte-Quint.				Troubles de religion en Bohême. Les révoltés précipitent d'une hauteur prodigieuse les ministres de Ferdinand qui se trouvaient à ce moment au château de Prague. Mathias et sa femme meurent de douleur de l'enlèvement du cardinal Élosel, leur premier ministre, par Ferdinand de Bohême.

SUITE DE LA LIGNE AUTRICHIENNE.

EMPEREURS.	RÈGNE	MEURT ÂGÉ DE	ÉPOUSES.	CONTEMPORAINS.	BATAILLES DE	GAGNÉES PAR	CONTRE	FAITS DÉTACHÉS.
1619 Ferdinand II, petit-fils de Ferdinand Ier. Son fils	18 ans.	59 ans.	Marie-Anne de Bavière. Éléonore de Gonzague.	Louis XIII. Jacques Ier. Charles Ier. Tilly. Walstein. Gustave-Adolphe.	Prague. Luther. Leipsick. Wislock.	Ferdinand. Tilly. Gustave. Les Suédois.	Frédéric. Les Danois. Ferdinand. Ferdinand.	Révolte des états de Bohême, etc., contre Ferdinand. Ils élisent empereur Frédéric, électeur palatin, qui, poussé par sa femme Élisabeth, fille de Jacques Ier, accepte la couronne. Ferdinand se rend maître de la Bohême; il opprime les protestans. Commencement de la guerre de trente ans. Guerre entre Ferdinand et Gustave-Adolphe, roi de Suède. Walstein tombé en disgrâce, est rappelé par l'empereur. Gustave est tué à la bataille de Lutzen. Frédéric meurt de douleur.
1637 Ferdinand III.	20 ans.	49 ans.	Marie-Anne d'Autriche-Espagne. Marie-Léopoldine d'Autriche-Tirol Éléonore de Gonzague-Mantoue.	Louis XIII. Louis XIV. Charles Ier. Charles II.	Weittenveyer Kemnitz. Dutlingen. Jancow. Varsovie.	Le duc de Weimar. Les Suédois. Les Impériaux Les Suédois. Gustave-Adolphe.	Les Bavarois Ferdinand III Les Français. Impériaux. Les Polonais	Continue la guerre de trente ans, et la termine par la paix de Westphalie. Diète de Ratisbonne. Abdication de Christine de Suède. Guerre entre la Pologne et Gustave-Adolphe. Interrègne de quinze mois. Jean-Casimir, roi de Pologne, battu par les Suédois, se sauve en Silésie.

SUITE DE LA LIGNE AUTRICHIENNE.

EMPEREURS.	RÈGNE	MEURT ÂGÉ DE	ÉPOUSES.	CONTEMPORAINS.	BATAILLES DE	GAGNÉES PAR	CONTRE	FAITS DÉTACHÉS.
1657 Léopold Ier. Son fils	47 ans.	65 ans.	Marguerite-Thérèse d'Espagne.	Louis XIV. Charles II. Jacques II. Marie. Guillaume III. Anne.	St.-Gothard Sintzeim.	Les Impériaux Turenne.	Les Turcs. Impériaux.	Troubles de Munster. Bernard de Gallen, évêque de Munster, assiége la ville et la soumet. Les Hongrois conspirent contre l'empereur. Jean Sobieski force les Turcs à lever le siége de Vienne. Léopold relève la puissance de sa maison. Guerre de la succesion d'Espagne.
1705 Joseph. Son frère	6 ans.	33 ans.	Wilhelmine-Amélie de Brunswick.	Louis XIV. Anne. Charles XII. Pierre-le-Grand.	Saragosse.	Impériaux.	Les Français.	Les Impériaux deviennent maîtres de toute l'Italie. Joseph se brouille avec le Saint Siége. Les Hongrois révoltés se soumettent à l'empereur. Continue la guerre de la succession d'Espagne. Réunit le duché de Mantoue à son domaine. Après sa mort, interrègne de six mois.
1711 Charles VI.	29 ans.	55 ans.	Elisabeth-Christine de Brunswick-Blackenbourg.	Louis XIV. Louis XV. George Ier. George II.	Belgrade. Francaville.	Charles VI. Les Espagnols	Les Turcs. Charles VI.	Il est le dernier prince de sa maison. Fait un testament en faveur de sa fille, qui est accepté par les puissances de l'Europe. On se bat après sa mort, pour sa succession, contre sa fille Marie-Thérèse, qui épousa François de Lorraine, et fonda la nouvelle maison d'Autriche.

EMPEREURS.	FAITS DÉTACHÉS.
1740 Charles VII, de Bavière.	Profite des troubles pour se faire proclamer empereur au préjudice de Marie-Thérèse, qui se réfugie avec son fils en Hongrie. Les Hongrois jurent de la défendre, et montrent un dévouement digne d'éloges. Charles, mis en fuite, ne trouve que dans la mort un terme à ses peines.
	MAISON D'AUTRICHE-LORRAINE.
1745 François Ier, mari de Marie-Thérèse.	Marie-Thérèse fait proclamer empereur son mari, François Ier. Paix d'Aix-la-Chapelle, après huit ans de guerre. Commencement de la guerre de sept ans contre Frédéric, roi de Prusse.
	PARTAGE DE LA POLOGNE.
1765 Joseph II. Son frère	Son règne est agité et malheureux; il fait des réformes utiles; il attaque de grands préjugés. Soulèvement des Pays-Bas autrichiens; il épouse Marie de Bourbon-Espagne.
1790 Léopold II. Son fils	Était gouverneur de la Toscane, où il s'était rendu cher à ses sujets par sa sagesse et sa modération. Commencement de la Révolution française.
1792 François II; il devient François Ier comme empereur d'Autriche.	Épouse Marie-Louise d'Autriche. Traité de Lunéville. Traité de Presbourg. Il abdique, en 1806, le titre d'empereur d'Allemagne, et devient François Ier, empereur d'Autriche. Dissolution du corps germanique, remplacé par la confédération du Rhin, dont Napoléon est déclaré protecteur. Formation des royaumes de Saxe, de Bavière, de Wurtemberg et de Westphalie.
1835 Ferdinand IV.	Amnistie générale comme roi d'Italie. Couronné à Milan en 1838.

HISTOIRE DE FRANCE.

PREMIÈRE RACE. — MÉROVINGIENNE. Vingt et un rois.

ROIS.	REINES.	PERSONNAGES MARQUANS.	BATAILLES DE	GAGNÉES PAR	CONTRE	FAITS DÉTACHÉS.
ÈRE CHRÉTIENNE.						
420 Pharamond.	Imbergide. Argote.	Le pape Célestin.				Loi salique. Cloches des églises.
428 Clodion.		Le pape Célestin.				Fait d'Amiens la capitale de ses états.
448 Mérovée.		Attila, roi de Huns.	Châlons.	Mérovée.	Attila.	Se joint avec Théodoric et Aétius contre Attila.
458 Childeric Ier.	Basine.	Léon-le-Grand.				Est chassé par ses sujets et rappelé huit ans après.
481 Clovis Ier. Son fils	Clotilde.	Sainte Geneviève. Le pape Anastase II. Genseric.	Tolbiac. Vouillé. Soissons.	Clovis. Clovis. Clovis.	Les Allemands. Alaric. Syagrius.	Se fait chrétien ; reçoit le titre de fils aîné de l'Église. Avec lui commence la véritable monarchie. Vers à soie rapportés de la Chine par deux moines. Papier de coton. Sainte-Ampoule.
511 Childebert Ier. Son frère	Ultrogotte.	Justin, emp. d'Orient. Bélisaire. Le pape Hormisdas.				Première application de la loi salique. Monnaie d'or. Il assassine ses neveux, fils de son frère Clodomir.

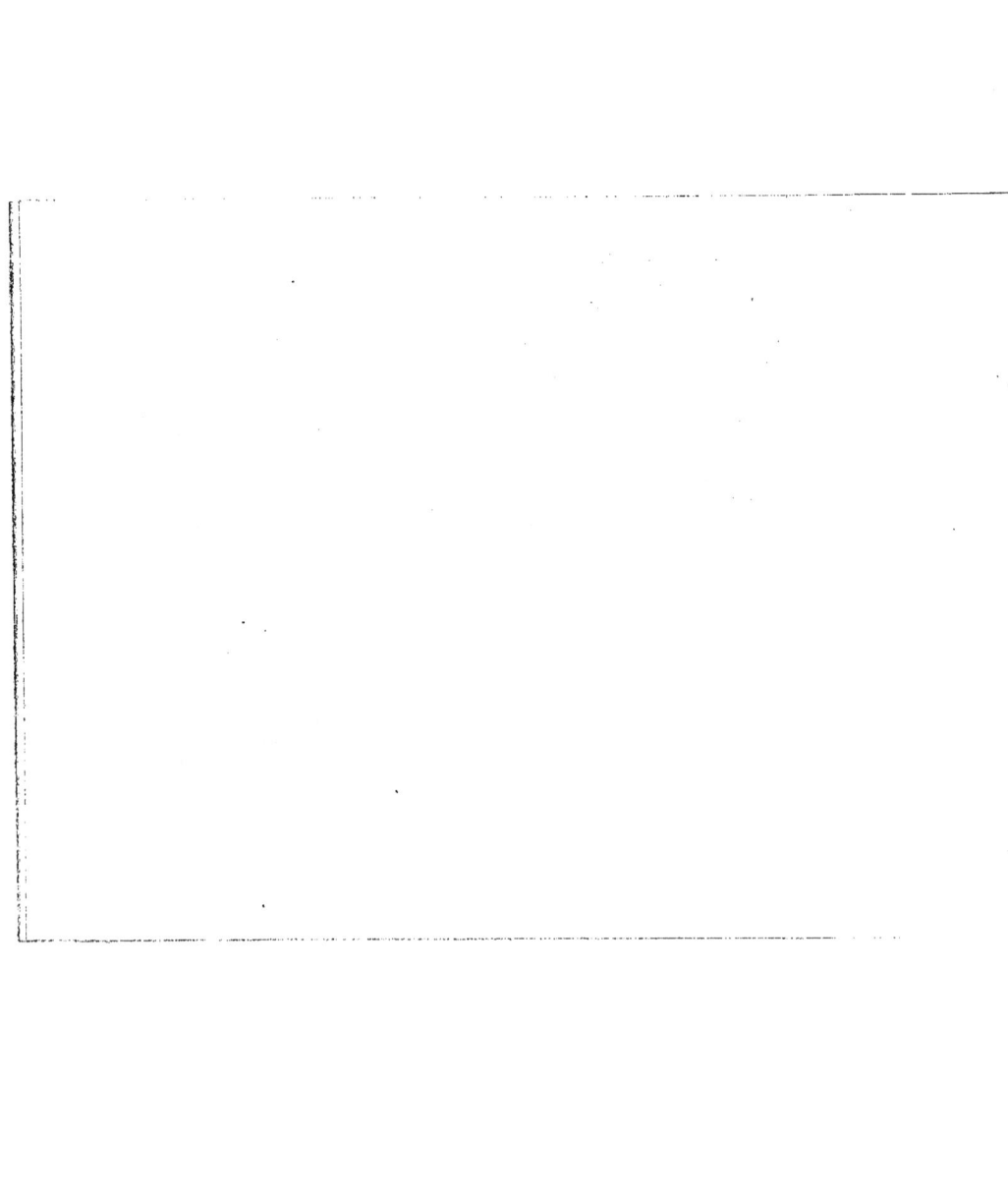

SUITE DE LA RACE MÉROVINGIENNE.

ROIS.	REINES.	PERSONNAGES MARQUANS.	BATAILLES DE	GAGNÉES PAR	CONTRE	FAITS DÉTACHÉS.
ÈRE CHRÉTIENNE.						
558 Clotaire Ier.	Ingonde. Charegond.	Le pape Jean III.				Fait brûler son fils Chramne.
561 Caribert. Son frère	Ingoberge.	Le pape Jean III.				Deuxième application de la loi salique. Première excommunication.
567 Chilpéric Ier. Son fils	Audouère. Galsuinde. Frédégonde.	Landri, maire du palais.				Ce Néron de son siècle, meurt assassiné.
584 Clotaire II. Son fils	Haldetrude.	Pépin de Landen. St. Grégoire de Tours. Le pape Grégoire-le-Grand.				Première minorité sous Frédégonde. Fait mourir Brunehaut.
628 Dagobert Ier. Son fils	Nantilde.	Saint Éloi. Héraclius, empereur d'Orient. Le pape Honoré Ier.				Fait un recueil de lois. Fonde l'abbaye de Saint-Denis. Premier char traîné par des bœufs. Trône. Oriflamme.
638 Clovis II. Son fils	Batilde.	Saint Denis. Constantin III, empereur d'Orient.				Deuxième minorité sous Nantilde. La dignité de maire du palais devient héréditaire. La bibliothèque d'Alexandrie brûlée par Omar.

SUITE DE LA RACE MÉROVINGIENNE.

ROIS.	REINES.	PERSONNAGES MARQUANS.	BATAILLES DE	GAGNÉES PAR	CONTRE	FAITS DÉTACHÉS.
ÈRE CHRÉTIENNE.						
656 Clotaire III.		Ebroin. Le pape Vitalin.				Troisième minorité, sous Batilde. Abbaye de Chelles.
Son frère						
670 Childeric II.	Blichilde.	Saint Léger, évêque d'Autun. Bodillon.				Est assassiné par Bodillon, qu'il avait fait fouetter.
Son frère						
673 Thierri Ier.	Clotilde.	Pépin d'Héristal.	Testry.	Pépin.	Thierri.	Premier roi fainéant. Loi ripuaire.
Son fils						
691 Clovis III.		Justinien II, empereur d'Orient.				Meurt sans avoir régné. Champ de Mars.
Son fils						
695 Childebert II.		Le pape Serge Ier. Léonce, empereur d'Orient.				Mérite de ne pas être compté parmi les rois fainéans.
Son fils						
711 Dagobert II.		Philippique, empereur d'Orient.				Mort de Pépin d'Héristal.
Son frère						

SUITE DE LA RACE MÉROVINGIENNE.

ROIS.	REINES.	PERSONNAGES MARQUANS.	BATAILLES DE	GAGNÉES PAR	CONTRE	FAITS DÉTACHÉS.
ÈRE CHRÉTIENNE.						
715 Chilpéric II.		Anastase II, empereur d'Orient. Charles Martel. Le pape Grégoire II.				Les Arabes en Languedoc.
720 Thierri II. Son fils		Léon III, empereur d'Orient. Abdérame, roi des Sarrasins. Le pape Grégoire II.	Poitiers.	Charles Martel.	Les Sarrasins.	Premier nonce envoyé en France. Après sa mort, interrègne de cinq ans.
742 Childéric III.		Pépin-le-Bref. Le pape Zacharie. Constantin V, empe- d'Orient.				Est détrôné et enfermé dans un monastère.

Fin de la première race, qui dura trois cent trente et un ans, sous vingt et un rois, depuis Pharamond, en 420, jusqu'à Childéric III, 742.

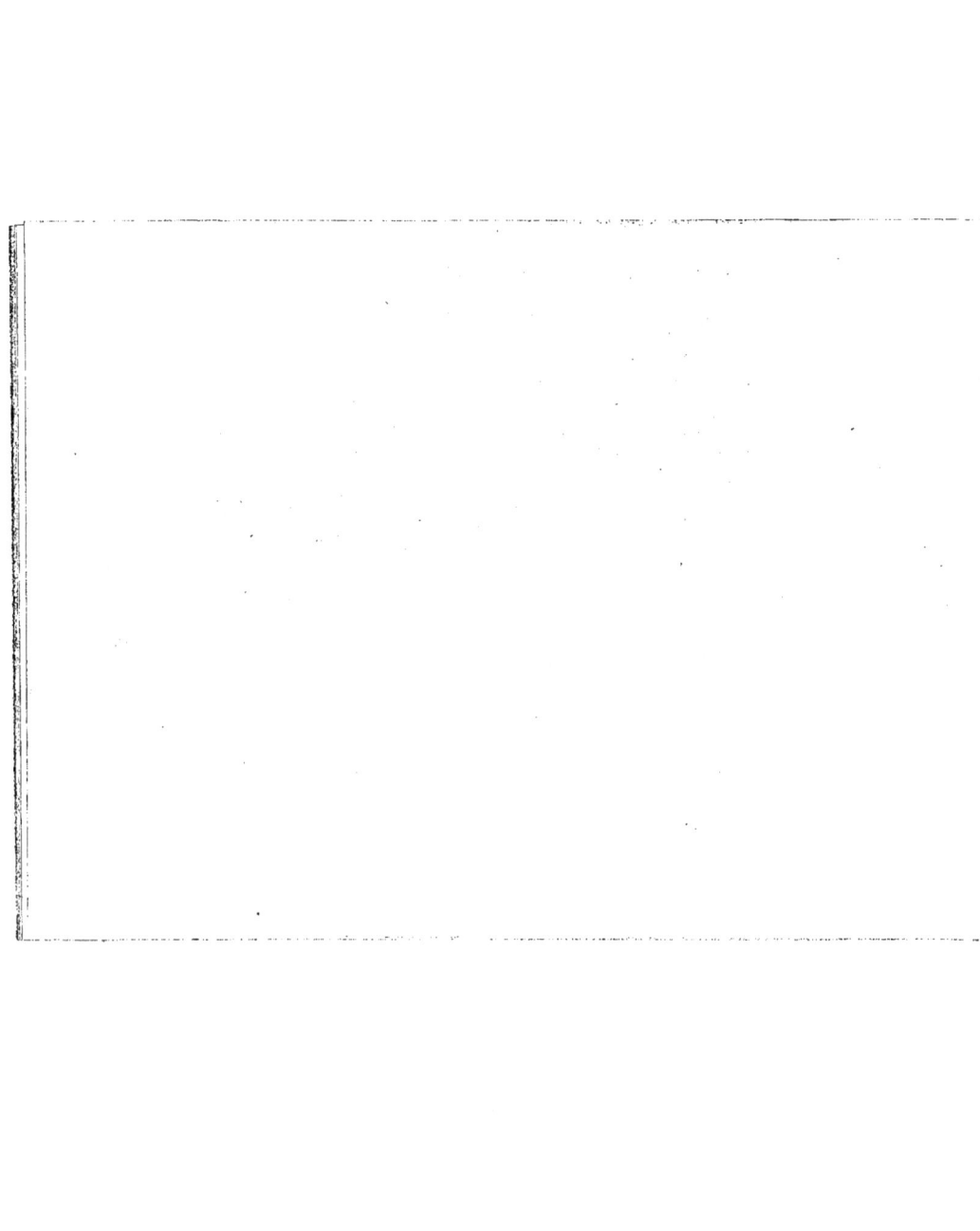

DEUXIÈME RACE. — CARLOVINGIENNE. Treize rois.

ROIS.	REINES.	PERSONNAGES CONTEMPORAINS.	BATAILLES DE	GAGNÉES PAR	CONTRE	FAITS DÉTACHÉS.
ÈRE CHRÉTIENNE.						
751 Pépin-le-Bref. Son fils	Berthe au grand pied.	Astolphe, roi des Lombards. Le pape Étienne II. Constantin V, empereur d'Orient.				Donne l'exarchat de Ravenne, au pape Etienne II. Premier orgue. Usage des soies et fourrures. Horloge.
768 Charlemagne. Son fils	Hermengarde. Hildegarde, etc.	Alcuin, moine. Witikind, chef saxon. Le pape Etienne IV. Constantin V, empereur d'Orient.	Padeborn. Roncevaux.	Charlemagne. Les Gascons.	Les Saxons. Charlemagne.	Premier empereur d'Occident; soumet les Saxons. Les Normands viennent en France. Ecoles royales. Grandes reliques. Code Théodosien. Clefs du Saint-Sépulcre.
814 Louis Ier, le Débonnaire. Son fils.	Hermengarde. Judith.	Bernard, roi d'Italie. Egbert, roi d'Angleterre. Le pape Eugène II.				Descente des Danois, qui pillent Rouen. Guerre entre Louis et ses fils. Est surnommé le Débonnaire.
840 Charles-le-Chauve. Son fils.	Hermentrude. Richilde.	Le pape Léon IV. Basile-le-Macédonien, empereur d'Orient. Ethelwolf, d'Angleterre. Alfred-le-Grand. Pias, premier duc de Pologne. Rurik, premier grand-duc de Russie.	Fontenai.	Charles.	Lothaire.	Les Normands ravagent la France et l'Espagne. Charles meurt empoisonné par son médecin.

RACE CARLOVINGIENNE.

ROIS.	REINES.	PERSONNAGES MARQUANS.	BATAILLES DE	GAGNÉES PAR	CONTRE	FAITS DÉTACHÉS.
ÈRE CHRÉTIENNE.						
877 Louis II, le Bègue.	Ansgarde. Adélaïde.	Le pape Jean VIII. Alfred-le-Grand, d'Angleterre.				Origine de la noblesse héréditaire. Féodalité.
Ses fils 879 Louis III, et Carloman.		Alfred-le-Grand, d'Angleterre. Le pape Jean VIII.				Règnent ensemble dans une union parfaite.
Leur cousin 884 Charles-le-Gros.	Richarde.	Eude, comte de Paris. Basile Ier, emp. d'Orient. Le pape Adrien III. Arnoul, emp. d'Allemag. Alfred-le-Grand.				Achète la paix des Normands, qui assiègent Paris.
888 Eudes.		Le pape Étienne VI. Léon VI, emp. d'Orient.				Remporte une grande victoire sur les Normands.
898 Charles-le-Simple.	Ogine.	Léon VI, emp. d'Orient. Le Pape Jean IX. Rollon, chef normand. Alfred-le-Grand. Guillaume Longue-Épée. Louis IV, emp. d'Allema. Conrad Ier, roi de Germ.	Soissons.	Charles.	Robert de Paris.	Est renfermé dans le château de Péronne. Il était fils de Louis-le-Bègue.
923 Raoul de Bourgogne.	Emme.	Athelstan, roi d'Anglet. Guillaume-Longue-Épée. Constantin VIII, e. d'Or.				Donne des fiefs. Le domaine royal est réduit à la ville de Laon.
Le fils de Charles 936 Louis IV, d'outre-mer.	Gerberge.	Le pape Agapet II. Edmond, r. d'Angleterre. Constantin VIII, e. d'Or.				Est rappelé d'Angleterre par ses sujets.

RACE CARLOVINGIENNE.

ROIS.	REINES.	PERSONNAGES MARQUANS.	FAITS DÉTACHÉS.
ÈRE CHRÉTIENNE.			
954 Lothaire.	Emme.	Constantin VIII, empereur d'Orient. Hugues Capet. Othon-le-Grand, roi de Germanie. Edgard, roi d'Angleterre. Othon II, emp. d'Allemag. Othon III, emp. d'Allemag.	S'empare de la Lorraine. Il la rend à Othon II.
Son fils			
986 Louis V, le Fainéant.	Blanche.		Toute l'autorité se trouve entre les mains d'Hugues.

Fin de la deuxième race, qui a duré deux cent trente-six ans, sous treize rois.

DUCS DE NORMANDIE.

Raoul ou Rollon épouse Giselle, fille de Charles-le-Simple.
Guillaume-Longue-Épée.
Richard-Sans-Peur, gendre de Hugues-le-Blanc.
Richard II, le Bon.
Richard III.
Robert-le-Diable, mort en pèlerinage à Jérusalem.
Guillaume-le-Conquérant.

Sept rois d'Angleterre furent ducs de Normandie, depuis Guillaume-le-Conquérant, jusqu'à Jean-Sans-Terre.

ROIS DE FRANCE QUI ONT ÉTÉ EMPEREURS D'OCCIDENT.

Charlemagne.
Louis-le-Débonnaire.
Charles-le-Chauve.
Louis-le-Bègue.
Charles-le-Gros.

TROISIÈME RACE. — CAPÉTIENNE. — Ire Branche : CAPÉTIENNE DIRECTE. Quatorze rois.

ROIS.	REINES.	PERSONNAGES MARQUANS.	BATAILLES DE	GAGNÉES PAR	CONTRE	FAITS DÉTACHÉS.
ÈRE CHRÉTIENNE.						
987 Hugues-Capet. Son fils	Adélaïde d'Aquitaine.	Etheired, roi d'Angleterre. Basile II, Constantin IX, empereurs d'Orient. Othon III, empereur d'Allemagne.	Laon.	Hugues-Capet.	Le duc de Lorraine.	Est élu roi par les seigneurs. Institution de la pairie. Chiffres arabes.
996 Robert-le-Pieux. Son fils	Lutgarde. Berthe. Constance d'Arles.	Gerbert, précepteur de Robert. Le pape Grégoire V. Boleslas, roi de Pologne. Othon III, emp. d'Allem. Henri II, le saint. Conrad, emp. d'Allemagne Canut-le-Grand, roi d'Angleterre.				Est excommunié. Notre-Dame de Paris bâtie sur les débris d'un temple consacré à Jupiter.
1031 Henri Ier. Son fils	Anne de Russie.	Tancrède d'Hauteville, et ses fils, en Italie. Conrad II, emp. d'Allem. Hardicanute, Edouard-le-Confesseur, Harold, } d'Angleterre. Guillaume-le-Conquérant. Henri III, empereur d'Allemagne. Henri IV, idem. Grégoire VII, pape.				Pardonne à son frère Robert, révolté contre lui, et lui donne le duché de Bourgogne. Famine. Maladie appelée le *Mal des Ardens*. Tournois. Trève-Dieu.

SUITE DE LA PREMIÈRE BRANCHE : CAPÉTIENNE DIRECTE.						
ROIS.	REINES.	PERSONNAGES MARQUANS.	BATAILLES DE	GAGNÉES PAR	CONTRE	FAITS DÉTACHÉS.
1060 Philippe Ier. Son fils	Berthe et Bertrade	Baudoin, régent pendant sept ans. Le pape Grégoire VII. Henri IV, empereur d'Allemagne. Guillaume-le-Conquérant. Godefroi de Bouillon. Tancrède.	Mont-Cassel.	Robert de Flandre.	Philippe.	Première croisade, prêchée par Pierre l'ermite. La ville de Nantes brûlée par Guillaume. Philippe est excommunié trois fois ; il ne prend point part à la première croisade. On prend des noms propres. Armoiries.
1108 Louis VI, le Gros Son fils	Alix de Savoie.	Henri Ier roi d'Angleterre Etienne, d'Angleterre. L'abbé Suger. Henri V, empereur d'Allemagne.	Gisors. Brenneville.	Louis. Henri Ier.	Les Anglais. Louis.	Établit les communes ; est le premier roi qui ait fait usage de l'oriflamme ; il soumet des révoltés. Henri Ier rend hommage pour la Normandie.
1137 Louis VII, le Jeune. Son fils	Éléonore de Guienne. Constance de Castille. Alix de Champagne.	Henri II (Plantagenet). Thomas Becket. Saint Bernard. Saladin. Conrad III, emper. d'Allemagne. Frédéric Ier, emper. d'Allemagne. Manuel Comnène, empereur d'Orient. Le pape Adrien IV.				Brûle Vitry ; treize cents personnes périssent dans une église. Deuxième croisade. Répudie Eléonore de Guienne, qui épouse Henri Plantagenet. Premier sceau où l'on voit une fleur-de-lis. Origine de la dignité de grand-chambellan. Premier usage des moulins à vent et des horloges à rouages.

SUITE DE LA PREMIÈRE BRANCHE : CAPÉTIENNE DIRECTE.

ROIS.	REINES.	PERSONNAGES MARQUANS.	BATAILLES DE	GAGNÉES PAR	CONTRE	FAITS DÉTACHÉS.
1180 Philippe II, Auguste. Son fils	Isabelle de Hainaut. Ingerburge. Agnès de Méranie.	Frédéric Barberousse, empereur d'Allemagne. Richard-Cœur-de-Lion. Henri VI, empereur d'Allemagne. Jean-sans-Terre. Philippe, empereur d'Allemagne. Arthur de Bretagne. Othon IV, empereur d'Allemagne. Henri III. Frédéric II, emp. d'Allem. Saladin. Le pape Innocent III. Foulques, curé de Neuilly. Simon de Montfort. Le vicomte de Béziers. Prémislas Ottocare, premier roi de Bohême. Empire latin, Baudoin V, comte de Flandre. Gengiskan, empereur des Mogols.	Bouvine. Tibériade.	Philippe. Saladin.	Othon IV et Jean-sans-Terre, roi d'Angleterre. Les Croisés.	Bannit les juifs; se croise avec Richard; abandonne la Palestine, après la prise de Saint-Jean-d'Acre; s'empare de la Normandie. Il est le premier qui ait gardé des troupes en temps de paix et qui les ait soldées. Quatrième croisade, prêchée par Foulques. Croisade contre les Albigeois. L'armée est commandée pour la première fois par un maréchal de France.
1223 Louis VIII, le Lion. Son fils	Blanche de Castille.	Henri III, d'Angleterre. Raimond, comte de Toulouse. Pierre II, d'Arragon. Amaury de Montfort. Frédéric II, emper. d'Allemagne.				Enlève à Henri III tout le pays jusqu'à la Garonne ; finit la croisade contre les Albigeois. Commencement de la chevalerie.

SUITE DE LA PREMIÈRE BRANCHE : CAPÉTIENNE DIRECTE.

ROIS.	REINES.	PERSONNAGES MARQUANS.	BATAILLES DE	GAGNÉES PAR	CONTRE	FAITS DÉTACHÉS.
1226 Louis IX, saint Louis. Son fils	Marguerite de Provence.	Le pape Innocent IV. Blanche, régente. Frédéric II, emper. d'Allemagne. Le comte de la Marche. Henri III, d'Angleterre. Michel Paléologue, empereur grec.	Taillebourg. Saintes. La Massoure.	Saint Louis. Saint Louis. Les Sarrasins.	Le comte de la Marche. Henri III. Saint Louis.	Cinquième croisade. Est fait prisonnier ; rend Damiette pour sa rançon ; fonde l'hôpital des Quinze-Vingts, la Sorbonne et la Sainte-Chapelle. Dispersion des pastoureaux. Pragmatique sanction. Meurt de la peste devant Tunis, dans la sixième et dernière croisade.
1270 Philippe III, le Hardi. Son fils	Isabelle d'Aragon. Marie de Brabant.	Edouard Ier, d'Angleterre. Jean de Procidas. Pierre III, d'Aragon. Rodolphe, empereur d'Allemagne. Pierre de la Brosse. Charles d'Anjou, roi de Sicile. Michel Paléologue, empereur grec.				Fait pendre son grand-chambellan Pierre de la Brosse. Vêpres siciliennes. Première lettre d'anoblissement accordée à son orfèvre, Raoul de Crêpi. Usage de chiffons de linge pour faire du papier. On rapporte des croisades le lin, le chanvre et la renoncule. Miroirs de verre. Le Languedoc réuni à la France par la mort d'Alphonse de Poitiers, oncle de Philippe III.

SUITE DE LA PREMIÈRE BRANCHE : CAPÉTIENNE DIRECTE.

ROIS.	REINES.	PERSONNAGES MARQUANS.	BATAILLES DE	GAGNÉES PAR	CONTRE	FAITS DÉTACHÉS.
1285 Philippe IV, le Bel. Son fils.	Jeanne de Navarre.	Edouard Ier, roi d'Anglet. Jacques Molay. Le pape Boniface VIII. Le pape Clément V. Henri VII, emp. d'Allemagne. Edouard II, roi d'Anglet.	Courtray. Mons-en-Puelle.	Les Flamands. Philippe.	Philippe. Les Flamands.	Est excommunié ; réunit au Louvre les états-généraux. Le parlement rendu sédentaire à Paris. L'Ordre des Templiers aboli ; leur grand-maître, Jacques Molay, et cinquante-neuf chevaliers sont brûlés.
1314 Louis X, le Hutin. Son fils	Marguerite de Bourgogne. Clémence de Hongrie	Albert, emp. d'Allemagne. Charles de Valois. Enguerrand de Marigny. Edouard II, d'Angleterre.				Fait pendre Enguerrand de Marigny, son surintendant des finances ; oblige les serfs d'acheter leur liberté.
1316 Jean Ier, posthume. Son oncle						Première application, sous la troisième race, de la loi salique. Interrègne. Philippe-le-Long, régent.
1316 Philippe V, le Long Son frère	Jeanne de Bourgogne.	Edouard II. Michel Paléologue, empereur grec. Louis V, emp. d'Allemag. Jean XXII, pape.				Fin de la guerre entre la Flandre et la France, qui avait duré treize ans. La lèpre en France. Lunettes.

DEUXIÈME BRANCHE : DE VALOIS. Contient sept rois.						
ROIS.	REINES.	PERSONNAGES MARQUANS.	BATAILLES DE	GAGNÉES PAR	CONTRE	FAITS DÉTACHÉS.
1322 Charles IV, le Bel. Son cousin	Blanche de Bourbon. Marie d'Allemagne Jeanne d'Evreux.	Edouard III, d'Angleterre. Jean XXII, pape. Louis V, empereur d'Allemagne. Andronic II, empereur grec.				Succède à son frère. Deuxième application de la loi salique. Fait punir les usuriers. Institution des Jeux Floraux. Louis Ier créé duc de Bourbon; il était petit-fils de saint Louis. Avec Charles finit la branche capétienne directe.
1328 Philippe VI, de Valois. Son fils	Jeanne de Bourgogne. Blanche de Navarre	Edouard III. Humbert II, dernier prince du Dauphiné. Eustache de Saint-Pierre. Charles-le-Mauvais, roi de Navarre. Jacques Artevelle, brasseur de Gand. Benoît XII, pape. Andronic II, empereur grec. Louis V, empereur d'Allemagne.	Cassel. navale de l'Ecluse. Crecy.	Philippe. Edouard III. Edouard III.	Les Flamands. Philippe. Philippe.	On lui attribue l'impôt du sel, appelé gabelle. Usage de la poudre à canon. Armes à feu. Édouard III prend Calais; il prétendait que la France lui appartenait par sa mère, Isabelle, fille de Philippe-le-Bel. Peste générale en Europe. Dauphiné cédé à la France par Humbert II. Jean, fils aîné du roi, premier Dauphin. Édouard III prend les armoiries de France.

SUITE DE LA DEUXIÈME BRANCHE : DE VALOIS.

ROIS.	REINES.	PERSONNAGES MARQUANS.	BATAILLES DE	GAGNÉES PAR	CONTRE	FAITS DÉTACHÉS.
1350 Jean II, le Bon. Son fils	Bonne de Luxembourg. Jeanne d'Auvergne.	Edouard III. Charles IV, empereur d'Allemagne. Le prince Noir. Jean Cantacuzène, empereur grec. Charles-le-Mauvais. Clément VI, pape. Marcel, prévôt des marchands. Robert-le-Coq, évêque de Laon. Jean Maillard, capitaine des gardes.	Poitiers.	Edouard III.	Jean-le-Bon.	Charles-le-Mauvais, roi de Navarre, conspire contre Jean. Le roi, fait prisonnier à la bataille de Poitiers, est envoyé à Londres. Charles-le-Mauvais force le dauphin à quitter Paris. Révolte de la Jacquerie. Le comte d'Eu, grand connétable, soupçonné de trahison, est décapité. Traité de Bretigny.
1364 Charles V, le Sage. Son fils	Jeanne de Bourbon.	Edouard III. Richard II. Duguesclin. Henri IV. Urbain V, pape. Charles IV, empereur d'Allemagne. Jean Paléologue, empereur grec. Clisson.	Cocherel. Auray. Navarette.	Duguesclin. Les Anglais. Le prince Noir.	Charles-le-Mauvais. Duguesclin. Duguesclin.	Les grandes compagnies vont servir Henri de Transtamare avec Duguesclin, en Castille. Fonde la bibliothèque royale. Il a un fou pour se divertir. Réduit à trois les fleurs de lis sur ses armes.

SUITE DE LA DEUXIÈME BRANCHE : DE VALOIS.

ROIS.	REINES.	PERSONNAGES MARQUANS.	BATAILLES DE	GAGNÉES PAR	CONTRE	FAITS DÉTACHÉS.
1380 Charles VI, l'Insensé. Son fils.	Isabeau de Bavière.	Richard II, d'Angleterre. Le duc de Bedford. Henri IV, d'Angleterre. Henri V, d'Angleterre. Sigismond, empereur d'Allemagne. Jean-sans-Peur. Le duc de Berri. Louis d'Orléans. Jean Wiclef. Urbain VI, pape. Boniface IX, pape. Manuel Paléologue, empereur grec. Venceslas, empereur d'Allemagne. Robert, comte palatin, empereur d'Allemagne. Sigismond, empereur d'Allemagne.	Rosbec. Agincourt.	Charles. Henri V.	Les Flamands. Charles VI.	Les oncles du roi, le duc de Berri, Louis d'Anjou, Philippe-le-Hardi et Louis de Bourbon, se disputent l'autorité pendant la minorité du roi. Charles étant tombé en frénésie, les ducs de Berri et de Bourgogne sont régens. Louis d'Orléans est assassiné par Jean-sans-Peur. Isabeau de Bavière vend la France aux Anglais. Jean-sans-Peur est assassiné sur le pont de Montereau. Les Maillotins : conspiration des Parisiens pour ne pas payer la gabelle. Introduction des cartes à jouer. Première compagnie des gardes-du-corps, dite Écossaise.

SUITE DE LA DEUXIÈME BRANCHE : DE VALOIS.

ROIS.	REINES.	PERSONNAGES MARQUANS.	BATAILLES DE	GAGNÉES PAR	CONTRE	FAITS DÉTACHÉS.
1422 Charles VII, le Victorieux. Son fils.	Marie d'Anjou.	Henri VI, d'Angleterre. La Hire. Dunois. Le duc de Bedford. Alain Chartier, poète. Agnès Sorel. Jeanne d'Arc. Talbot, général anglais. Jacques Cœur, ministre du roi. Tannegui du Chatel. Eugène IV, pape. Constantin Paléologue, dernier empereur grec. Albert II, empereur d'Allemagne. Frédéric III, emper. d'Allemagne. François Sforce. Mahomet II, emper. turc.	Verneuil. Orléans.	Duc de Bedford. Jeanne.	Charles VII. Les Anglais.	Jeanne d'Arc fait lever le siège d'Orléans; elle est brûlée par les Anglais à Rouen. Philippe-le-Bon, duc de Bourgogne, signe la paix avec le roi à Arras. Révolte du dauphin dite *praguerie*. Les Anglais, chassés de France, n'y conservent que Calais. Agnès Sorel est la première qui ait porté des diamans taillés. Pragmatique sanction. Charles est le premier qui ait porté un chapeau de castor. Jean Guttemberg invente l'imprimerie. Premier char suspendu. Un orfèvre de Florence découvre la manière de graver sur cuivre. Tannegui du Chatel avait sauvé Charles quand il n'était encore que dauphin. Charles se laisse mourir d'inanition, craignant d'être empoisonné par le dauphin.

VALOIS DIRECTE.						
ROIS.	REINES.	PERSONNAGES MARQUANS.	BATAILLES DE	GAGNÉES PAR	CONTRE	FAITS DÉTACHÉS.
1461 Louis XI. Son fils	Marguerite d'Ecosse. Charlotte de Savoie.	Le cardinal de la Ballue. Charles-le-Téméraire. Le prévôt Tristan. Le comte d'Armagnac. Oliviers-le-Daim. Jeanne Hachette. Edouard IV, d'Angleterre. Paul II, pape. Sixte IV, pape. Bajazet II, emper. turc. Frédéric III, empereur d'Allemagne.	Beauvais. Nancy.	Jeanne Hachette Louis XI.	Charles-le-Téméraire. Charles-le-Téméraire.	Ligue du Bien public formée par les grands contre Louis; terminée par le traité de Conflans. Louis réunit la Bourgogne à la couronne après la mort de Charles-le-Téméraire, tué à Nancy. Fait mourir les comtes de Saint-Pol et d'Armagnac. Poste aux lettres. Prend le titre de roi très chrétien. Se fait appeler Sa Majesté. Première manufacture de soieries. Jeanne Hachette fait lever le siége de Beauvais. Louis fait enfermer dans une cage de fer le cardinal de la Ballue.
1483 Charles VIII.	Anne de Bretagne.	Christophe Colomb. Maximilien Ier, empereur d'Allemagne. Améric Vespuce. Innocent VIII, pape. Alexandre VI, pape. Louis d'Orléans. Bajazet II, emper. turc. Edouard V, d'Anglet. Richard III, d'Anglet. Henri VII, d'Angleterre	Saint-Aubin. Fornoue. Seminara.	Charles VIII. Charles VIII. Charles VIII.	Louis d'Orléans. Les Italiens. Les Italiens.	Sa sœur, Anne de Beaujeu, gouverne le royaume. Charles conquiert Naples en quinze jours, et le perd en moins de temps. Découverte de l'Amérique.

DUCS DE BOURGOGNE.

PHILIPPE-LE-HARDI,	mort en	1404.
JEAN-SANS-PEUR,	—	1419.
PHILIPPE-LE-BON,	—	1467.
CHARLES-LE-TÉMÉRAIRE,	—	1477.

Le duché de Bourgogne était autrefois divisé en deux royaumes :

1° BOURGOGNE TRANSJURANE, c'est-à-dire la Savoie, le Valais et la Suisse ;

2° BOURGOGNE CISJURANE, comprenant les royaumes d'Arles et de Provence. Ces deux royaumes furent réunis en un seul par Rodolphe II, en 928. Il se démembra pendant les querelles des empereurs d'Allemagne et du pape. Une partie fut enclavée dans la France, et les autres formèrent le royaume de Savoie et la république suisse.

TROISIÈME BRANCHE : DE VALOIS-ORLÉANS. Un roi.						
ROIS.	REINES.	PERSONNAGES MARQUANS.	BATAILLES DE	GAGNÉES PAR	CONTRE	FAITS DÉTACHÉS.
1498 Louis XII, le Père du peuple.	Jeanne de France. Anne de Bretagne Marie d'Angleter.	Raphael. Bayard. Jules II, pape. Gonzalve de Cordoue. Léon X, pape. Gaston de Foix. Maximilien Ier, empereur d'Allemagne. Henri VII, roi d'Angleterre. Henri VIII, roi d'Angleterre. Bayard. Bajazet II, empereur turc. Sélim Ier, emper. turc.	Cérignole. Agnadel. Ravenne. Guinegate. Seminara.	Gonzalve de Cordoue. Louis XII. Gaston de Foix. Henri VIII. Gonzalve.	Louis. Les Vénitiens. Les Italiens. Louis XII. Les Français.	Conquit deux fois Naples sur les Sforce. Ligue de Cambrai entre Louis, Jules II, Ferdinand et Maximilien, contre Venise. Divorce avec Jeanne de France, pour épouser Anne de Bretagne, et réunit la Bretagne pour toujours à la France. Conquiert le Milanais en vingt jours, et le reperd ensuite.

QUATRIÈME BRANCHE : VALOIS, ORLÉANS, ANGOULÊME. Donne cinq rois.

ROIS.	REINES.	PERSONNAGES MARQUANS.	BATAILLES DE	GAGNÉES PAR	CONTRE	FAITS DÉTACHÉS.
1515 François Ier.	Claude de France. Eléonore d'Autriche.	Clément VII, pape. Bayard. Luther. Henri VIII. Calvin. Le cardinal Wolsey. L'amiral Bonnivet. Ferdinand Cortez. Duc de Bourbon. Soliman, emper. turc. Charles-Quint, empereur d'Allemagne et roi d'Espagne.	Marignan. Rebec. Pavie. Cérisoles.	François Ier. Henri VIII. Charles-Quint. Le duc d'Enghien.	Les Suisses. François Ier. François Ier. Charles-Quint.	Abolit la pragmatique sanction. Bayard est tué à la retraite de Rebec. François est fait prisonnier à la bataille de Pavie. Le connétable de Bourbon, traître à son pays, est tué au siége de Rome. Marguerite, sœur du roi, protége la religion réformée.
Son fils						

SUITE DE LA QUATRIÈME BRANCHE : VALOIS, ORLÉANS, ANGOULÊME.

ROIS.	REINES.	PERSONNAGES MARQUANS.	BATAILLES DE	GAGNÉES PAR	CONTRE	FAITS DÉTACHÉS.
1547 Henri II. Son fils.	Catherine de Médicis	Charles-Quint, empereur d'Allemagne. Marie d'Angleterre. Elisabeth d'Angleterre. Ferdinand Ier, empereur d'Allemagne. Diane de Poitiers. Philippe II, roi d'Espagne. Anne de Montmorency. Paul *III*, pape. François de Lorraine. Poltrot. Soliman II, empereur turc. Crámer, arch. de Londres.	Siége de Metz. Renti. Saint-Quentin.	Fr. de Lorraine. Henri II. Les Anglais.	Charles-Quint. Charles-Quint. Henri II.	Édit contre les calvinistes. Abdication de Charles-Quint en faveur de son fils Philippe II. Il reprend Calais. François de Lorraine est assassiné par Poltrot. Premiers bas de soie portés par Henri II. Paix de Cateau-Cambrésis avec Elisabeth. Henri meurt d'une blessure à l'œil que lui fait dans un tournoi Montgommery.
1559 François II. Son frère	Marie Stuart.	Elisabeth d'Angleterre. Antoine de Bourbon. Louis de Condé. Charles et Franç. de Guise. Amyot, précepteur de François. Jean Knox. Pie IV, pape. Ferdinand Ier, empereur d'Allemagne. Soliman *II*, empereur turc.				Donne toute sa confiance aux Guises, ce qui cause des guerres civiles. Catherine de Médicis protége les calvinistes. Conjuration d'Amboise. Édit de Romorantin. Tabac apporté en France pour la première fois. Usage du violon.

SUITE DE LA QUATRIÈME BRANCHE : VALOIS, ORLÉANS, ANGOULÊME.

ROIS.	REINES.	PERSONNAGES MARQUANS.	BATAILLES DE	GAGNÉES PAR	CONTRE	FAITS DÉTACHÉS.
1560 Charles IX. Son frère	Elisabeth d'Autriche	Gustave Wasa, r. de Suède Coligni. Don Juan d'Autriche. Jeanne d'Albret. Michel de l'Hôpital. Nostradamus. Sélim II, empereur turc. Montaigne. Philippe II, roi d'Espagne. Elisabeth d'Angleterre. Maximilien II, empereur d'Allemagne. Pie IV, pape. Grégoire XIII, pape.	Dreux. Saint-Denis. Jarnac.	Charles IX. Charles IX. Charles IX.	Les calvinistes. Les calvinistes. Les calvinistes.	Catherine de Médicis, régente. Antoine de Bourbon, lieutenant-général du royaume, joint François de Guise, Anne de Montmorency et Saint-André contre les calvinistes. Première guerre civile, commencée par le massacre de Vassy. La Saint-Barthélemi. Catherine pose la première pierre des Tuileries. Premières voitures publiques.
1574 Henri III.	Louise de Lorraine.	Henri de Navarre. Henri-le-Balafré. Joyeuse. Jacques Clément. Elisabeth d'Angleterre. Saint Charles-Borromée, archevêque de Milan. Le Titien, peintre. Grégoire XIII, pape. Philippe II, roi d'Espagne. Rodolphe, empereur d'Allemagne. Amurat III, emper. turc.	Coutras.	Le Béarnais.	Henri II et Henri-le-Balafré.	La Sainte-Ligue, guerre dite des Trois-Henri. La faction des Seize oblige le roi de quitter Paris. Journée des barricades. Les favoris du roi sont appelés Mignons. L'ordre du Saint-Esprit institué. Le premier tableau à l'huile, peint par Jean Cousin. Marie Stuart décapitée. Etats de de Blois. Assassinat des Guises. Leur frère, le duc de Mayenne, se met à la tête de la ligue. Henri III est assassiné à Saint-Cloud par Jacques Clément.

BRANCHE DE BOURBON : Donne neuf rois.

ROIS.	REINES.	PERSONNAGES MARQUANS.	BATAILLES DE	GAGNÉES PAR	CONTRE	FAITS DÉTACHÉS.
1589 Henri IV. Son fils	Marguerite de Valois Marie de Médicis.	Elisabeth d'Angleterre. Jacques Ier, d'Angleterre. Le duc de Mayenne. Philippe IV, roi d'Espagne Le cardinal de Bourbon. Sixte-Quint, pape. Gabriel d'Estrées. Mahomet III, emper. turc. Sully. Achmet Ier, emper. turc. Biron. Rodolphe II, emper. d'Allemagne. Crillon. Barrière, Chatel, Ravaillac, } assassins du roi.	Arques. Ivry. Fontaine-Française.	Henri IV. Henri IV. Henri IV.	Mayenne. Mayenne. Les Espagnols.	Abandonné des catholiques, il se retire à Dieppe. Disette dans Paris. Le roi se fait catholique. Paris lui ouvre ses portes. Mayenne et les autres ligueurs se soumettent. Edit de Nantes en faveur des calvinistes. Henri étant fils de Jeanne d'Albret et d'Antoine de Bourbon, le Limousin, le Béarn, le comté de Foix et une partie de la Gascogne, furent réunis à la couronne par son accession au trône. Le roi meurt assassiné par Ravaillac.

MAISON DE CONDÉ.

Louis Ier, chef de la maison de Condé, prisonnier à la bataille de Dreux, est tué à celle de Jarnac. Henri Ier, frère de Charles, cardinal de Bourbon, élu roi sous le nom de Charles X, en opposition à Henri IV. Henri II eut pour fille Anne, duchesse de Longueville. Louis II, le grand Condé, vainqueur à Rocroi. Henri-Jules, qui avait épousé la fille d'Anne de Gonzague, la fameuse Palatine. Louis, père de Louis-Henri, ministre de Louis XV. Louis-Joseph, général de l'armée de Condé, père du duc de Bourbon, mort en 1830, et aïeul du duc d'Enghien, fusillé en 1804, à Vincennes.

SUITE DE LA BRANCHE DE BOURBON.

ROIS.	REINES.	PERSONNAGES MARQUANS.	BATAILLES DE	GAGNÉES PAR	CONTRE	FAITS DÉTACHÉS.
1610 Louis XIII. Son fils	Anne d'Autriche.	Concini, maréchal d'Ancre Richelieu. Soubise. Le duc de Rohan. Cinq-Mars. De Thou. Gaston d'Orléans. La Grande-Mademoiselle. Gustave-Adolphe. Le duc de Lauzun. Malherbe. Descartes. Voiture. Jacques Ier, d'Angleterre. Charles Ier, d'Angleterre. Léon XI, pape. Urbain VIII, pape. Mathias, empereur d'Allemagne. Ferdinand II, empereur d'Allemagne. Ferdinand III, empereur d'Allemagne.	Montauban. La Rochelle. Castelnaudary. Lutzen. Reinfeld.	Le rebelles. Richelieu. Richelieu. Richelieu. Duc de Weimar.	Louis XIII. Les huguenots. Gaston d'Orléans. L'Autriche. L'Autriche.	Marie de Médicis, régente. La guerre civile apaisée par le traité de Sainte-Menehould. Reléguée à Blois. Marie de Médicis se réconcilie avec son fils par l'entremise de l'évêque de Luçon. Soubise et Rohan, voulant faire une république de la France, amènent une guerre qui dure deux ans. Après la prise de La Rochelle, Richelieu devient premier ministre; il termine les guerres de religion. On voit en France un journal pour la première fois. Assassinat du maréchal d'Ancre. Marie de Médicis meurt à Cologne dans la plus grande misère. Richelieu fait décapiter de Thou et Cinq-Mars. Louis laisse deux fils, Louis XIV et Philippe, tige de la maison d'Orléans.

SUITE DE LA BRANCHE DE BOURBON.

ROIS.	REINES.	PERSONNAGES MARQUANS.	BATAILLES DE	GAGNÉES PAR	CONTRE	FAITS DÉTACHÉS.
1643 Louis XIV.	Marie-Thérèse d'Autriche.	Cromwell. Charles II, d'Angleterre. Jacques II, d'Angleterre. Guillaume III, d'Anglet. Anne, d'Angleterre. Mazarin. George Ier, d'Angleterre. Le grand Condé. Turenne. Colbert. Louvois. Mme de Maintenon. Vendôme. Villars. D'Aguesseau. Lamoignon. Bossuet. Pascal. Bourdaloue. Corneille. Molière. Racine. Massillon. Innocent X, pape. Léopold Ier, emper. d'Allemagne. Joseph Ier, idem. Ferdinand III, idem. Le czar Pierre-le-Grand Ier, empereur de Russie. Ferdinand III, empereur d'Allemagne. Jean Sobieski, roi de Pologne. Charles XII, roi de Suède. Stanislas Léczinski, roi de Pologne.	Rocroy.	Condé.	Les Espagnols.	Anne d'Autriche, régente. Mazarin, premier ministre. Paix de Munster avec l'empire. Guerre civile contre Mazarin. Paix des Pyrénées. Paix de Nimègue. Louis reçoit le nom de Grand. Révoque l'édit de Nantes. La succession au trône d'Espagne, de Philippe V, petit-fils du roi, cause une guerre qui dure treize ans. Paix d'Utrecht et de Radstadt avec l'empereur Charles VI. Turenne est tué à Salsbach. Hôtel des Invalides. Ordre de Saint-Louis. Le Val-de-Grâce. L'Observatoire. Manufacture des Gobelins, de Sèvres et de Saint-Gobain.
			Fribourg.	Condé.	Les Impériaux.	
			Nordlingue.	Condé.	Les Bavarois.	
			Lens.	Condé.	Les Espagnols.	
			Cassel.	Le duc d'Orléans	Le prince d'Orange	
			Fleurus.	Luxembourg.	Les calvinistes.	
			Steinkerque.	Luxembourg.	La Hollande.	
Son arrière-petit-fils.			Nerwinde.	Luxembourg.	La Hollande.	
			Bleinheim.	Marlborough.	Louis XIV.	
			Ramillies.	Marlborough.	Villeroi.	
			Malplaquet.	Marlborough.	Villars.	
			Denain.	Villars.	Marlborough.	
			Luzara.	Villeroi.	Les Impériaux.	
			Villa-Viciosa.	Vendôme.	Les Espagnols.	
			Des Dunes.	Turenne.	Les Espagnols.	

SUITE DE LA BRANCHE DE BOURBON.

ROIS.	REINES.	PERSONNAGES MARQUANS.	BATAILLES DE	GAGNÉES PAR	CONTRE	FAITS DÉTACHÉS.
1715 Louis XV. Son petit-fils.	Marie Leczinska.	Law. Philippe d'Orléans. Le cardinal Dubois. Le cardinal de Fleury. Stanislas Leczinski. Frédéric-Auguste. Maréchal de Berwick. Marie-Thérèse. Le maréchal de Saxe. Soubise. Voltaire. Rousseau. Chatam. Le chancelier Maupeou. Le Grand-Dauphin. Buffon. Grand Frédéric de Prusse. George Iᵉʳ, d'Angleterre. George II, idem. George III, idem. Catherine Iʳᵉ, de Russie. Pierre II, de Russie. Le philosophe Newton. Charles VI, emper. d'Allemagne. Charles VII, idem. Marie-Thérèse. François Iᵉʳ, emper. d'Allemagne. Clément XIV, pape.	Fontenoy.	Louis XV.	L'Autriche.	Philippe d'Orléans régent. Louis XV soutient son beau-père Stanislas Leczinski contre Frédéric-Auguste, fils d'Auguste II, électeur de Saxe, qui, soutenu par l'empereur Charles VI et la Russie, prétendait à la couronne de Pologne. Traité de Vienne. Guerre de la succession contre Marie-Thérèse d'Autriche, fille de Charles VI. Paix d'Aix-la-Chapelle. Guerre avec les Anglais au sujet des limites du Canada. Louis XV bannit les jésuites. Le parlement Maupeou. Damiens blesse le roi d'un coup de couteau. Peste à Marseille. Petite poste établie à Paris. Première exposition de peinture et de sculpture au Louvre. Louis XV meurt de la petite vérole.
			Milan.	Villars.	L'Autriche.	
			Rosbach.	Frédéric de Prusse.	Louis XV.	
			Dettingen.	George II.	Louis XV.	
			Lawfeld.	Maréchal de Saxe.	L'Autriche.	
			Raucoux.	Maréchal de Saxe.	L'Autriche.	
			Québec.	Wolf.	Louis XV.	
			Hastenbeck.	D'Estrées.	Georges II.	

SUITE DE LA BRANCHE DE BOURBON.

ROIS.	REINES.	PERSONNAGES MARQUANS.	BATAILLES DE	GAGNÉES PAR	CONTRE	FAITS DÉTACHÉS.
1774 Louis XVI.	Marie-Antoinette.	Turgot. Necker. Fox. Calonne. Washington. Lafayette. L'amiral de Grasse. Mirabeau. Marat. Robespierre. Danton. Malesherbe. Desèze. Tronchet. Tourzel. George III, d'Angleterre. Joseph II, empereur d'Allemagne. Léopold II, idem. François II, idem. Pie VI, pape. Catherine II, impératrice de Russie.	Valmy. Jemmapes.	Les Français. Dumouriez.	Les Autrichiens. Les Autrichiens.	Abolit la torture. Soutient les Américains révoltés. Guerre avec l'Angleterre, qui reconnait enfin l'indépendance de ses colonies. Tenue des États-Généraux. Le Tiers-État se sépare des deux autres ordres, et se forme en Assemblée nationale. Révolution. Serment du Jeu de Paume. Le roi renvoie Necker. Prise de la Bastille par le peuple, 14 juillet 1789. Commencement de l'émigration. La France est divisée en quatre-vingt-cinq départemens. La noblesse est supprimée. Le roi, avec sa famille, sont ramenés de Varennes. L'Assemblée législative remplace l'Assemblée constituante. Coalition contre la France. La royauté est abolie. Le roi est décapité. Charlotte Corday assassine Marat.

LA RÉPUBLIQUE.

ROIS.	PERSONNAGES MARQUANS.	BATAILLES DE	GAGNÉES PAR	CONTRE	FAITS DÉTACHÉS.
1793 Louis XVII.	Danton.	Neerwinde.	Les Autrichiens.	Les Français.	Reste enfermé au Temple. Guerre générale de toutes les puissances contre la France. **TERREUR. 1793.** La Vendée, la Normandie et la Bretagne, se lèvent en faveur de Louis XVII. La Reine, madame Élisabeth et le duc d'Orléans, sont décapités. Robespierre et Saint-Just sont décapités. La terreur cesse. Louis XVII meurt au Temple, âgé de dix ans. Louis XVIII est proclamé roi à l'armée de Condé. Expédition de Quiberon. **DIRECTOIRE. 1795.** Madame Royale, fille de Louis XVI, est échangée contre des républicains. Stofflet et Charette, généraux vendéens, sont fusillés. Deuxième coalition des puissances contre la France. Bonaparte revient de l'Égypte et met fin à l'anarchie. Il passe les Alpes. **CONSULAT. 1799.** Napoléon, premier consul. Il rétablit le culte catholique. Concordat avec Pie VII. Paix d'Amiens avec les Anglais. Fondation de la Légion-d'Honneur. Pichegru et Cadoudal conspirent contre le premier consul. Le duc d'Enghien est fusillé à Vincennes.
	Charlotte Corday.	Hondschotte.	Les Français.	Les Anglais.	
	Moreau.	Fleurus.	Les Français.	La Hollande.	
	Pichegru.	Montenotte.	Bonaparte.	Les Autrichiens.	
	Bonaparte.	Mondovi.	Bonaparte.	Les Autrichiens.	
	Saint-Just.	Lodi.	Bonaparte.	Les Autrichiens.	
	Barras.	Castiglione.	Bonaparte.	Les Autrichiens.	
	Dumouriez.	Arcole.	Bonaparte.	Les Autrichiens.	
	Bonchamp.	Aboukir.	Bonaparte.	Les Turcs.	
	La Rochejacquelein.	Marengo.	Bonaparte.	Les Autrichiens.	
	Lescure.	Hohenlinden.	Moreau.	Les Autrichiens.	
	Charette.				
	Catelineau.				
	Masséna.				
	Kléber.				
	Hoche.				
	Marceau.				
	George III, d'Angleterre.				
	Paul Ier, de Russie.				
	Pie VII, pape.				
	Alexandre Ier, de Russie				
	François II, empereur d'Allemagne.				

EMPIRE.

EMPEREUR.	IMPÉRATRICES.	PERSONNAGES MARQUANS.	BATAILLES DE	GAGNÉES PAR	CONTRE	FAITS DÉTACHÉS.
1804 Napoléon.	Joséphine. Marie-Louise.	Joseph, roi d'Espagne. Murat, roi de Naples. Talleyrand. Pie VII. Lannes. Soult. Ferdinand VII, d'Espagne Cambacérès. Ney. Bridport. Nelson. Hood. Rostopczyn. Wellington. Blücher. Mortier. Oudinot. Bernadotte. François d'Allemagne, devient François Ier, d'Autriche. Charles IV, roi d'Espagne. George III, d'Angleterre. Prince de Galles, régent Alexandre Ier, de Russie. Selim III, empereur turc. Mustaphat IV, emper. turc. Ferdinand IV, roi de Naples Ferdinand VII, roi d'Espagne.	Rivoli. Montebello. Ulm. Austerlitz. Iéna. Eylau. Friedland. Wagram. Moscowa. Leipsig. Montereau. Ligny. Waterloo.	Napoléon. Napoléon. Napoléon. Napoléon. Napoléon. Napoléon. Napoléon. Napoléon. Napoléon. Les Anglais. Wellington. Wellington. Blücher.	Les Italiens. Les Italiens. Les Autrichiens. Les Allemands. La Prusse. La Prusse. La Prusse. L'Autriche. Les Russes. Napoléon. Napoléon. Napoléon. Napoléon.	Pie VII sacre Napoléon. Troisième coalition contre la France. Invasion d'Espagne. Les Autrichiens signent la paix de Vienne. Napoléon répudie Joséphine pour épouser Marie-Louise, fille de François Ier, d'Autriche. Naissance du roi de Rome. Il crée une nouvelle noblesse héréditaire. Les flottes française et espagnole défaites à Trafalgar par Nelson, qui y est tué. Traité d'alliance entre la France, l'Autriche et la Prusse, contre la Russie. Le général Rostopczyn brûle Moscou. Retraite des Français. Passage de la Bérésina. Sixième coalition contre la France. Napoléon abdique à Fontainebleau, et va régner à l'île d'Elbe.

BRANCHE DE BOURBON

ROIS.	FEMMES.	PERSONNAGES MARQUANS.	FAITS DÉTACHÉS.
1814 Louis XVIII.	Marie-Joséphine. Louise de Savoie.	Le duc de Richelieu. Le prince de Talleyrand George III. Le prince régent, depuis George IV. Pie VII, pape. Bernadotte, roi de Suède, sous le nom de Charles XIV. Léon XII, pape. François Ier, empereur d'Autriche.	Louis XVIII, frère de Louis XVI, revient de l'exil. Il nomme son frère, le comte d'Artois, colonel-général de toutes les gardes nationales du royaume. Signe un traité de paix avec les puissances étrangères. Donne la Charte. Le maréchal Soult, ministre de la guerre. Napoléon quitte l'île d'Elbe au mois de mars 1815, traverse la France, et arrive à Paris. Le roi se retire à Gand. Les Cent-Jours. Le congrès de Vienne repousse Napoléon. La duchesse d'Angoulême fait des efforts inutiles à Bordeaux, et le duc d'Angoulême dans le Midi, pour soutenir la royauté. Napoléon convoque le Champ-de-Mars. Vaincu à Waterloo, il abdique une seconde fois et se dirige vers Rochefort pour passer en Amérique. Il se livre aux Anglais qui l'envoient à Sainte-Hélène, où il meurt en 1821. Deuxième restauration en juillet 1815. Traité de la Sainte-Alliance. Le duc de Berri épouse Marie-Caroline de Sicile. Naissance de Louise-Marie-Thérèse d'Artois. Le duc de Berri est assassiné par Louvel. Naissance de Henri-Dieu-Donné, duc de Bordeaux. Campagne d'Espagne, terminée en cinq mois par le duc d'Angoulême.

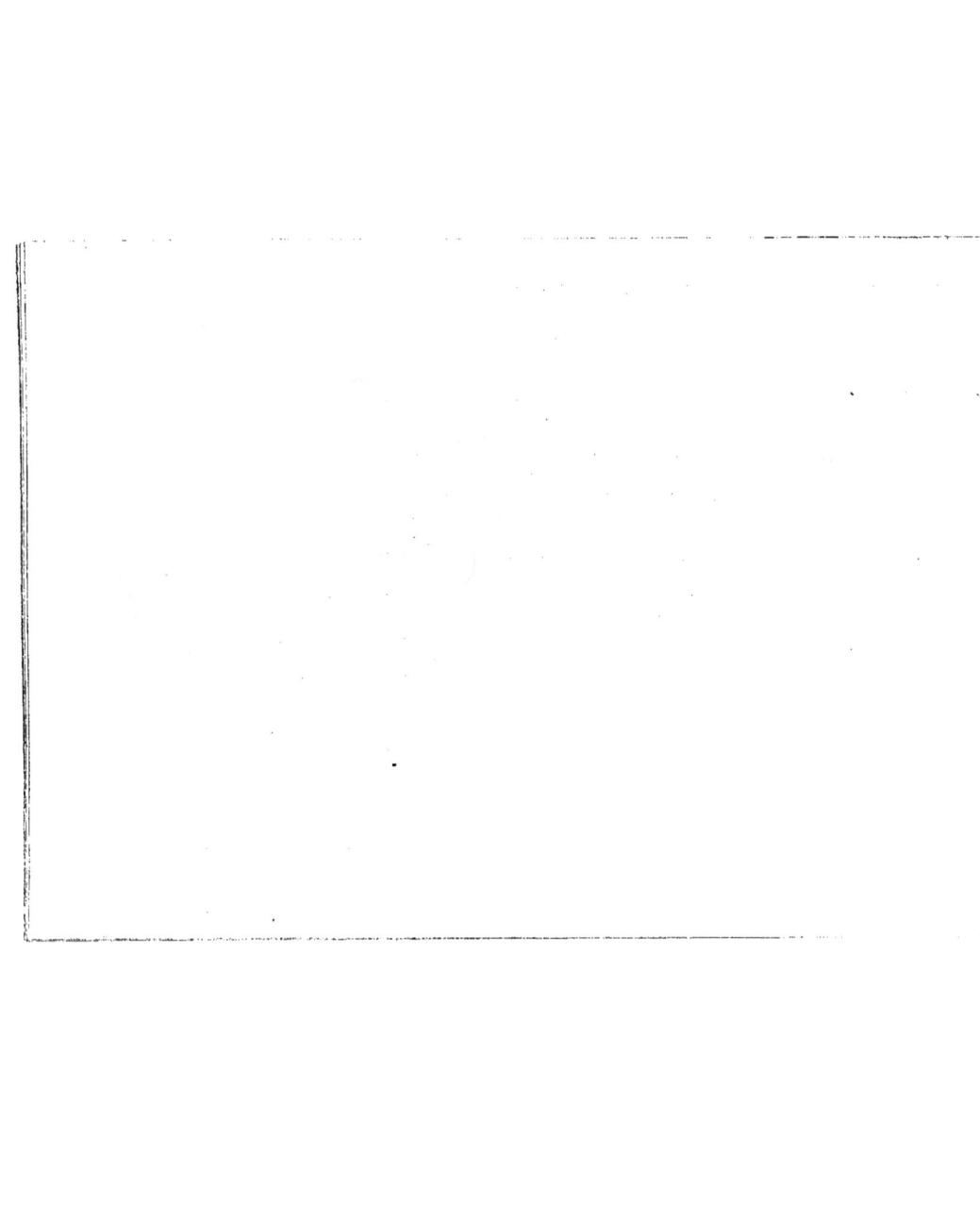

SUITE DE LA BRANCHE DE BOURBON.

ROIS.	PERSONNAGES MARQUANS.	FAITS DÉTACHÉS.
1824 Charles X.	Talleyrand. De Villèle. Martignac. Polignac. Périer. Laffitte. George IV, d'Angleter. Guillaume IV, idem. François Ier, d'Autriche Pie VIII, pape. Nicolas Ier, en Russie.	Rétablit la liberté de la presse. Se fait sacrer à Reims. Le ministère Villèle accorde un milliard d'indemnité aux émigrés. La garde nationale est dissoute ainsi que la Chambre des Députés. Victoire de Navarin. L'extrême droite s'unit au côté gauche pour renverser le ministère Martignac. Prise d'Alger. Adresse au roi des Deux cent vingt et un. Le roi dissout la Chambre. Le ministère Polignac promulgue les ordonnances. Journées des 27, 28, et 29 juillet 1830, qui renversent le roi du trône. **RÉVOLUTION DE JUILLET 1830.** Le roi se retire à Rambouillet. Il abdique, ainsi que M. le Dauphin, en faveur de son petit-fils, le duc de Bordeaux, nommant le duc d'Orléans lieutenant-général du royaume. Il s'embarque avec sa famille à Cherbourg, et meurt à Goritz, en exil, en 1836.

ROI.	REINES.	FAITS DÉTACHÉS.
1830 Louis-Philippe.	Marie-Amélie.	Jugement des quatre ministres de Charles X. Révolte de Lyon. La reine dona Maria II entre en Portugal en reine; don Miguel en est chassé. Guerre civile en Espagne entre Christine, veuve de Ferdinand VII, régente, et don Carlos, causée par le testament de Ferdinand, qui laissait la couronne à sa fille Isabelle II. Occupation d'Ancône. Affaires républicaines des 5 et 6 juin. Débarquement de madame la duchesse de Berri à Marseille. Quatre départemens et Paris sont mis en état de siége. La Belgique se sépare de la Hollande. Prise d'Anvers. Madame la duchesse de Berri est arrêtée à Nantes, en 1832 ; on l'enferme à Blaye, d'où elle est renvoyée à Palerme. Choléra à Paris. Attentat de Fieschi, en 1835. Amnistie politique, en 1836. Mort de Georges Cuvier et de Casimir Périer. Prise de Constantine. Mort de la princesse Marie. Dissolution de la Chambre des Députés, en 1839. Prise de la Véra-Cruz.

HISTOIRE D'ANGLETERRE.

30

ÈRE CHRÉTIENNE.	FAITS DÉTACHÉS.
Caractacus.	L'Angleterre fut conquise par Jules César, cinquante-cinq ans avant Jésus-Christ. Les habitans étaient sauvages, vivant dans des huttes, se nourrissant de racines. Ils peignaient leur corps en bleu, et dans la partie du nord, ils se tatouaient. Le chêne et le gui étaient regardés comme des choses sacrées. Les druides, leurs prêtres, immolaient les prisonniers à leurs dieux. Les Phéniciens furent les premiers qui découvrirent cette île, et qui commencèrent à la civiliser. Leurs chefs ou rois les plus remarquables furent Caractacus, qui combattit les Romains pendant neuf ans, et
Boadicée.	Boadicée, reine des Icènes, ayant été châtiée avec ses filles comme des esclaves, se met à la tête des Bretons révoltés, et se voyant vaincue, elle se donne la mort.
403	Les Romains abandonnent la Bretagne. Les Anglais, menacés par les Pictes et les Écossais, appellent les Saxons à leur secours.
449 Hengist et Horsa.	Hengist et Horsa viennent chez Vortigern, qui épouse Rowena, fille d'Hengist. Arthur, breton célèbre, gagne plusieurs batailles contre les Saxons; assassiné par son neveu, il est enterré à Glastonbury.
	Les Bretons se réfugient dans l'Armorique, et forment la Bretagne.
	Les Saxons, maîtres de l'Angleterre, fondent l'heptarchie.
480 Ælla.	Fonde le royaume de Sussex.
568 Éthelbert.	Épouse Berthe, fille de Charibert, roi de France; reçoit le moine saint Augustin, envoyé par Grégoire-le-Grand; il lui donne la ville de Canterbury, dont il fut le premier évêque.

	FAITS DÉTACHÉS.
828 Egbert.	Réunit toute l'heptarchie en un seul royaume. Descente des Danois.
836 Ethelwulf.	Les Normands font une descente en Angleterre. Il accorde le denier de saint Pierre aux papes.
858 Ethelbald. Son fils	Epouse sa belle-mère Judith, fille de Charles-le-Chauve, qui épouse en troisièmes noces Baudoin, grand-forestier de France. Le roi Charles lui donna le comté de Flandre ; et c'est de ce mariage que descendit Mathilde, femme de Guillaume-le-Conquérant.
860 Ethelbert.	Ragnar Lodbrog, roi des mers, est mis à mort par Ælla, roi de Northumbrie.
866 Ethelred.	Les fils de Ragnar viennent en Angleterre venger la mort de leur père; ils défont les Saxons plusieurs fois.
872 Alfred-le-Grand. Son fils	Obligé d'abandonner le trône, il se cache dans les marais de Somersetshire, tandis que son pays est subjugué par les Saxons. Il rassemble ses fidèles Thanes, force les Saxons à abandonner l'Angleterre; fonde l'université d'Oxford ; donne des lois sages à ses sujets ; crée la marine anglaise.
900 Edouard-l'Ancien.	Soumet les Danois, etc.
925 Athelstan.	Premier roi couronné d'Angleterre; protége son neveu, Louis IV, d'outre-mer.
940 Edmond.	Est assassiné par un chef de brigands, nommé Leof, qui avait eu l'audace de s'asseoir à sa table.
946 Edred.	Conquiert les Danois.
955 Edwy.	Son règne n'est remarquable que par sa querelle avec Dunstan, au sujet d'Ethelgive, dame saxonne.
959 Edgard-le-Pacifique.	Débarrasse l'Angleterre des loups qui l'infestaient, en établissant un tribut annuel de trois cents têtes de loups.
975 Edouard-le-Martyr.	Est assassiné par l'ordre de sa belle-mère Elfride.

	FAITS DÉTACHÉS.
978 Ethelred II.	Fait massacrer les Danois le jour de la Saint-Brice. Sweyn, roi de Danemarck, fait une descente en Angleterre pour venger la mort de sa sœur, tuée dans ce massacre. Elphège, archevêque de Canterbury, est mis à mort. Ethelred, chassé de son royaume par les Danois, se retire en Normandie, avec sa femme Emma et ses deux fils, auprès de son beau-frère Richard. A la mort de Sweyn, Ethelred remonte sur le trône pendant quelques années.
	FAMILLE DANOISE.
1017 Canute-le-Grand.	Epouse Emma, veuve d'Ethelred; reprend ses flatteurs, qui le comparaient à Dieu; fait un pèlerinage à Rome.
Son fils	
1035 Harold-Pied-de-Lièvre.	Alfred, fils d'Etheldred et d'Emma, vient en Angleterre réclamer la couronne pour son frère Edouard. Harold lui fait crever les yeux. Emma, qui soutenait les droits d'Hardicanute contre Harold, s'enfuit.
1040 Hardicanute.	Pour se venger de l'usurpation d'Harold, il le fait déterrer, et, après l'avoir décapité, il fait jeter son corps dans la Tamise. Rappelle près de lui son frère utérin Édouard, qu'il reçoit avec grande amitié.
1042 Edouard-le-Confesseur.	Relègue sa mère Emma dans un couvent, où elle meurt.
1066 Harold.	Fils de Godwin, monte sur le trône; combat son frère Tostig, qui est tué à la bataille de Stamfordbridge. Harold est tué à la bataille d'Hastings contre Guillaume-le-Conquérant, duc de Normandie. Avec lui finit la famille saxonne.

SUITE DE LA FAMILLE DANOISE.

ROIS.	REINES.	PERSONNAGES MARQUANS.	BATAILLES DE	GAGNÉES PAR	CONTRE	FAITS DÉTACHÉS.
1066 Guillaume-le-Conquérant. Son fils	Mathilde, fille de Baudoin V, comte de Flandre.	Philippe Ier. Constantin Ducas, Romain IV, Michel VII, Nicéphore III, } emper. d'Orient. Henri IV, empereur d'Allemagne. Grégoire VII.	Hastings.	Guillaume.	Harold.	Bâtit la tour de Londres. Le roi accable les Saxons et donne tous les hauts emplois aux Normands. Gouvernement féodal. Robert, son fils, lui fait la guerre. Il lui pardonne, touché par les larmes et les prières de Mathilde. Guerre sanglante entre Guillaume et Philippe Ier, occasionnée par une plaisanterie de ce dernier.
1087 Guillaume-le-Roux. Son frère		Walter Tyrrel.	Alnwich.	Mowbray.	Malcolm, roi d'Ecosse.	Est tué par accident dans la Nouvelle-Forêt.
1100 Henri Ier. Son cousin	Mathilde d'Ecosse.	Robert, duc de Normandie. Son fils, Robert de Flandre Louis VI, le Gros.	Tenchebrai. Brenville.	Henri Ier. Henri Ier.	Robert, duc de Normandie. Louis-le-Gros.	Fait la guerre à son frère Robert, qui est fait prisonnier et privé de son duché. Le roi perd ses enfans, qui sont noyés par l'imprudence de Fitz-Stephen, en revenant de Barfleur.
1135 Étienne de Blois. Son cousin	Mathilde, fille du comte de Boulogne.	Louis VI, le Gros. Louis VII, le Jeune. Manuel Comnène. Conrad II, empereur d'Allemagne. Henri III, idem. Eugène III, pape.	L'Etendard. Lincoln. Winchester.	Étienne. Gloucester. Étienne.	David, roi d'Ecosse. Étienne. Gloucester.	Est fait prisonnier par Gloucester. Sa femme Mathilde ayant fait prisonnier le duc de Gloucester lui rend la liberté. Perd son fils Eustache.

LIGNE ANGEVINE.						
ROIS.	REINES.	PERSONNAGES MARQUANS.	BATAILLES DE	GAGNÉES PAR	CONTRE	FAITS DÉTACHÉS.
1154 Henri II. Plantagenet. Son fils	Eléonore de Guienne répudiée par Louis VII.	Thomas Becket. Adrien IV, pape. Manuel Comnène, (emper. d'Orient) Alexis II Comnène, (emper. d'Orient) Andronic Comnène, (emper. d'Orient) Isaac l'Ange. (emper. d'Orient) Frédéric Ier, Barberousse. Louis VII, le Jeune. Philippe II, Auguste.	Alnwich.	Henri II.	Guillaume d'Ecosse.	De son père Geoffroi d'Anjou, il hérite de la Touraine et de l'Anjou. De sa mère Mathilde, fille de Henri Ier, du Maine et de la Normandie; et par sa femme Eléonore du Poitou, de la Saint-Onge, de l'Auvergne, du Périgord, du Limousin, de l'Angoumois et de la Guienne. Nicolas Breakspear, premier et seul pape Anglais, sous le nom d'Adrien IV. Concile de Clarendon. Thomas Becket est assassiné. Henri fait pénitence à sa tombe. Guillaume, roi d'Ecosse se reconnaît vassal de Henri II. Jérusalem prise par les infidèles. Henri soumet l'Irlande. Ses enfans se révoltent contre lui.
1189 Richard Cœur-de-Lion. Son frère	Berengère de Navarre.	Le Vieux de la Montagne, chef des assassins. Philippe II, Auguste. Saladin. Frédéric Ier, Barberousse.	Fretteval.	Richard.	Philippe.	Se croise avec Philippe-Auguste. Massacre des juifs. Prise de Saint-Jean d'Acre. Se brouille avec Philippe. Est fait prisonnier par Léopold d'Autriche.

[illegible]

PLANTAGENETS OU ANGEVINES.

ROIS.	REINES.	PERSONNAGES MARQUANS.	BATAILLES DE	GAGNÉES PAR	CONTRE	FAITS DÉTACHÉS.
1199 Jean - sans - Terre. Son fils	Jeanne de Gloucester. Isabelle d'Angoulême.	Arthur de Bretagne. Philippe-Auguste. Alexis l'Ange. Isaac l'Ange. Jean Ducas. Beaudoin 1er, emper. latin. Henri de Flandre. Philippe IV, Othon IV, Frédéric II, } empereurs d'Allemagne. Innocent III, pape.	Bouvines.	Philippe.	Jean-sans-Terre et Othon IV,	Fait assassiner Arthur, fils de son frère Geoffroi, duc de Bretagne. Est cité à la cour de Philippe pour prouver son innocence. Refuse de s'y rendre. Est excommunié. Le pape donne son royaume à Philippe. Jean se soumet au pape et se reconnaît vassal du Saint-Siége. Soumet l'Irlande et le pays de Galles. Les barons se révoltent contre Jean qui leur donne la grande charte. Louis, fils de Philippe, vient en Angleterre pour se faire reconnaître roi de ce royaume.
1216 Henri III. Son fils.	Éléonore de Provence.	Jean Baliol, d'Ecosse. Comte de Leicester. Philippe-Auguste. Louis VIII. Louis IX. Philippe III, le Hardi.	Lincoln. Taillebourg. Saintes. Lewes. Evesham.	Henri. Saint-Louis. Saint-Louis. Leicester. Henri III.	Louis. Henri III. Henri III. Henri III. Leicester.	Henri établit la chambre des communes. Force Louis à retourner en France. Premier parlement où les communes soient admises. Guerre civile entre le roi et les barons. Est fait prisonnier par le comte de Leicester. Edouard, fils de Henri, parvient à s'échapper de prison. Bat Leicester qui est tué avec son fils à la bataille d'Evesham. Rend la liberté à son père.

PLATAGENETS.

ROIS.	REINES.	PERSONNAGES MARQUANS.	BATAILLES DE	GAGNÉES PAR	CONTRE	FAITS DÉTACHÉS.
1272 Édouard Ier. Son fils	Éléonore de Castille. Marguerite de France.	Philippe-le-Hardi. Philippe IV, le Bel. Lewelyn, prince de Galles. David, frère de Lewelyn. John Baliol. Robert Bruce. William Wallace. Henri Percy. Boniface VIII. Clément V. Michel Paléologue, empereur grec. Rodolphe Ier, emper. d'Allemagne. Adolphe de Nassau, idem. Albert, idem.				S'embarque pour la Croisade. Est poignardé par un infidèle. Conquiert le pays de Galles sur Lewelyn et son frère David. Son fils aîné devient prince de Galles. Pris comme arbitre entre John Baliol et Robert Bruce, qui tous deux prétendaient à la couronne d'Ecosse. Il décide en faveur de Baliol. Le dépose bientôt après et le relègue dans la tour de Londres. Wallace est décapité. Les juifs sont renvoyés du royaume. Jean Comyn de Badenoch, neveu de Baliol, tué par Robert Ier d'Écosse.
1307 Édouard II de Carnavon. Son fils	Isabelle de France.	Philippe IV, le Bel. Louis X, le Hutin. Philippe V, le Long. Charles IV, le Bel. Pierre Gavaston. Roger Mortimer. Les deux Spenser. Andronic III, emper. grec. Henri VII de Luxembourg, empereur d'Allemagne. Louis de Bavière, idem.	Bannockburn. Arscol en Irlande. Kenlys en Irlande. Athenrée.	Bruce. Bruce. Bruce. Édouard.	Édouard II. Édouard II. Édouard II. Phelim O'Connor.	Rappelle son favori Gavaston qui est condamné à mort par les barons révoltés. Isabelle se met à la tête des rebelles avec son favori Mortimer et marche contre son mari qui est enfermé au château de Berkley où Mortimer le fait assassiner. Abolition des Templiers. Les deux Spenser sont décapités. Le prince de Galles est déclaré roi. Il est retenu prisonnier en Écosse.

PLANTAGENETS.

ROIS.	REINES.	PERSONNAGES MARQUANS.	BATAILLES DE	GAGNÉES PAR	CONTRE	FAITS DÉTACHÉS.
1327 Édouard III. Son petit-fils Richard II, fils du Prince Noir.	Philippa de Hainault.	Charles VI, le Bel. Philippe VI, de Valois. Jean II, le Bon. Charles V, le Sage. Wickleffe. Jean Paléologue, emp. grec. Charles IV, emp. d'Allemagne. Jean XXII, pape. Louis V, d'Allemagne. Andronic II, empereur grec. Humbert II, dernier prince de Dauphiné. Eustache de St-Pierre. Charles-le-Mauvais, roi de Navarre. Jacques Artevelle, brasseur de Gand. Benoît XII, pape. Clément VI, pape. Le Prince Noir.	Berwic. Crecy. La Croix de Neuville. Poitiers. L'Écluse.	Édouard. Le Prince Noir. Édouard. Le Prince Noir. Édouard.	Bruce, roi d'Écosse. Philippe. David Bruce. Jean-le-Bon. Philippe.	Isabelle et Mortimer accusent le duc de Kent de haute trahison et le font décapiter. Édouard, âgé de dix-huit ans, prend les rênes du gouvernement. Il fait pendre Mortimer et exile sa mère Isabelle. Édouard réclame la couronne de France, comme héritier de sa mère Isabelle, fille de Philippe-le-Bel. Il joint les armes de France aux siennes. Guerre entre les deux nations. Jean, roi de Bohême, est tué à la bataille de Crecy. Le Prince Noir adopte sa devise *Ich Dien J serve*, qui a toujours été portée depuis par ses successeurs. Il fait prisonnier David Bruce, roi d'Écosse, à la bataille de la Croix de Neuville. Prise de Calais. Peste. Fait prisonnier le roi Jean à Poitiers. Hérésie de Wickleffe. Ordre de la Jarretière.

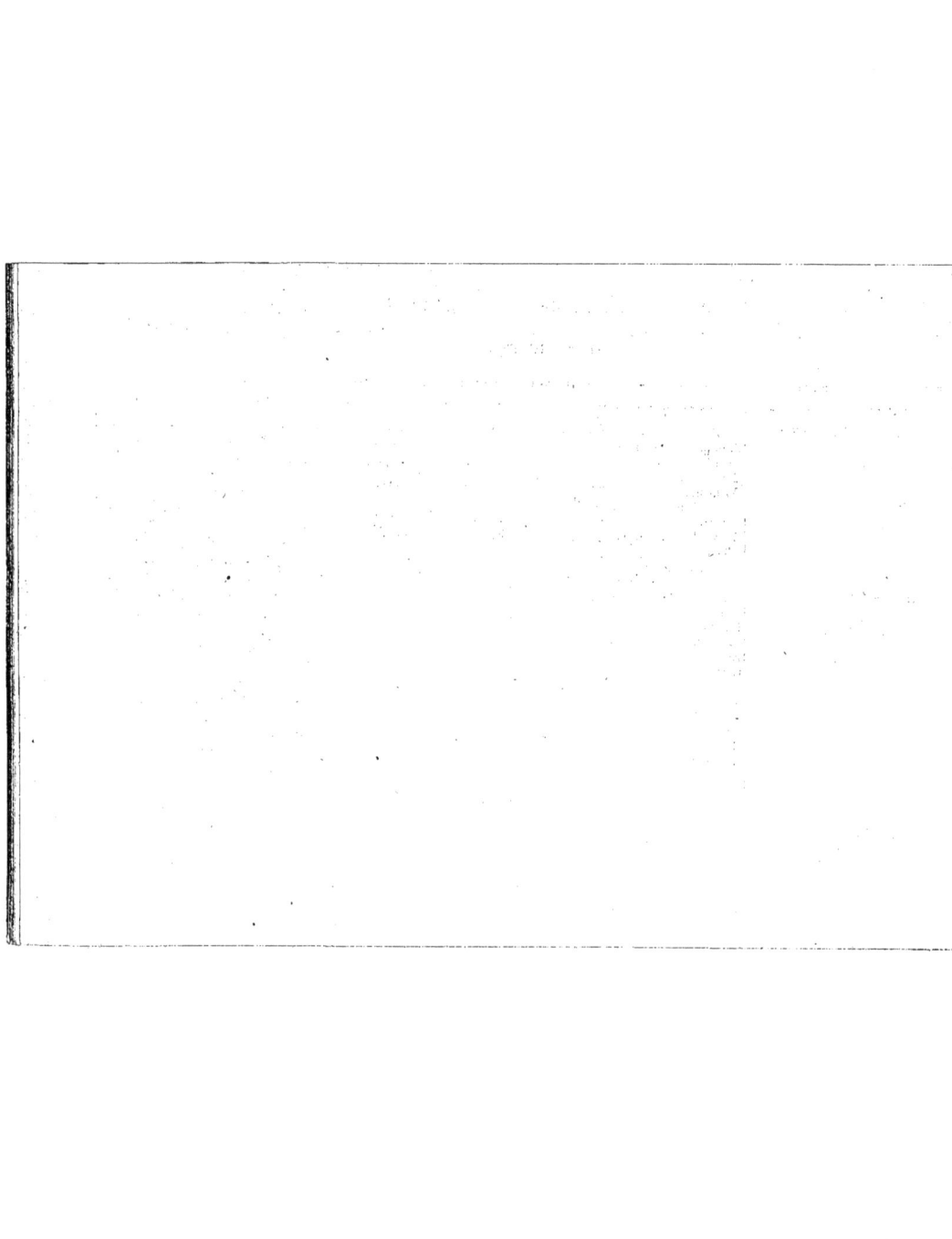

PLANTAGENETS.						
ROIS.	REINES.	PERSONNAGES MARQUANS.	BATAILLES DE	GAGNÉES PAR	CONTRE	FAITS DÉTACHÉS.
1377 Richard II. Son cousin	Anne de Bohême. Isabelle de France, fille de Charles VI.	Charles V, le Sage. Charles VI, l'Insensé. Wat Tyler, Jacques Straw, } chefs des révoltés. Urbain V, pape. Charles IV, emp. d'Allemagne. Jean Paléologne, emp. grec. Duguesclin. Charles-le-Mauvais.	Otterborne.	Les Écossais.	Richard II.	Les communes se révoltent. Richard se présente devant elles sans armes. Wat Tyler, chef des rebelles, l'ayant menacé, Walworth, lord maire de Londres, le tue. Les rebelles se préparaient à venger la mort de leur chef quand le jeune roi s'avance seul vers eux, en s'écriant : Que faites-vous mes amis, Tyler était un traître; suivez moi, je veux être votre chef. Wickleffe, curé de Lutterworth, se rétracte de ses erreurs et meurt deux ans après. Secte des Lollards. Querelle entre le duc de Hereford et Norfolk. Le premier est condamné par le roi à dix ans d'exil, et le second est banni d'Angleterre pour toute sa vie. Hereford, duc de Lancastre, par la mort de son père, revient en Angleterre. Dépose Richard et monte sur le trône.

PLANTAGENETS. — BRANCHE DE LANCASTRE.						
ROIS.	REINES.	PERSONNAGES MARQUANS.	BATAILLES DE	GAGNÉES PAR	CONTRE	FAITS DÉTACHÉS.
1399 Henri IV. Son fils	Marie de Bohun.	Charles VI. Seroop. Hotspur. Douglas. Le duc de Bedford. Jean-sans-Peur, duc de Bourgogne. Urbain VI, pape.	Holmedon. Shrewsbury.	Henri IV. Henri IV.	Douglas. Hotspur.	Guerre des deux Roses. Richard II, prisonnier au château de Pomfret, meurt de faim ou est assassiné par ordre de Henri. Il fait décapiter Seroop, archevêque d'York. Owen Glendour se révolte. Henri, fils du roi, ayant tiré son épée contre le président Gascoigne, ce magistrat l'envoie en prison.
1413 Henri V. Son fils	Catherine de France qui épousa en secondes noces Owen Tudor.	Charles VI. Isabeau de Bavière. Le duc de Bedford. Talbot. Dunois. Urbain VI, pape. Manuel Paléologue, empereur grec. Vinceslas, emp. d'Allemagne. Robert, comte Palatin, emp. d'Allemagne. Sigismond, emp. d'Allemagne.	Azincour.	Henri V.	Charles VI.	En montant sur le trône, il éloigne de lui tous les compagnons de ses plaisirs dissolus, rend la liberté au comte de Marche et au fils d'Hotspur. Révolte des Lollards. Leur chef, sir John Oldcastle, parvient à s'échapper et se soustrait pendant plusieurs années aux recherches de ses ennemis. Il est enfin pris et décapité. Henri réclame la couronne de France. Isabeau de Bavière lui ouvre les portes de Paris.

PLANTAGENETS. — BRANCHE DE LANCASTRE.

ROIS.	REINES.	PERSONNAGES MARQUANS.	BATAILLES DE	GAGNÉES PAR	CONTRE	FAITS DÉTACHÉS.
1422 Henri VI, Son cousin	Marguerite d'Anjou.	Charles VI, l'Insensé. Charles VII, le Victorieux. Jeanne d'Arc. Duc de Bedford, régent de France. Jean-sans-Peur, duc de Bourgogne. Dunois. Jean Cade. Warwic. Le duc de Gloucester. Le duc de Sommerset. Agnès Sorel. Tannegui du Châtel. Eugène IV. Constantin Paléologue, dernier emp. grec. Albert II, Frédéric III, } emper. d'Allemag. François Sforce. Mahomet II, empereur turc.	Crevant. Verneuil. Roveray. Sevensalles. Saint-Albans. Blore-Heath. Wakefield. La Croix-Mortimer Saint-Albans.	Henri VI. Bedford. Bedford. Jean Cade. York. Warwic. Henri VI. Les Yorkistes. Margueritedʼ Aujou	Charles VII. Duc d'Alençon. Charles VII. Henri VI. Henri VI. Henri VI. York. Marguerite d'Anjou Les Yorkistes.	Jeanne d'Arc est faite prisonnière à Compiègne. Le duc de Bedford la fait brûler à Rouen comme sorcière. Catherine de France, mère de Henri VI, épouse Owen Tudor. Le roi perd la Normandie. Guerre civile. Jean Cade se met à la tête des mécontens. Il est décapité. Le duc d'York est tué à la bataille de Wakefield. Assassinat de son fils le duc de Rutland. Édouard, comte de Marche, fils du duc d'York, est battu à Saint-Albans par les troupes de la reine; elle rend la liberté au roi Édouard. Se fait proclamer roi à Westminster. Henri est déclaré incapable de régner. Guerre des deux Roses.

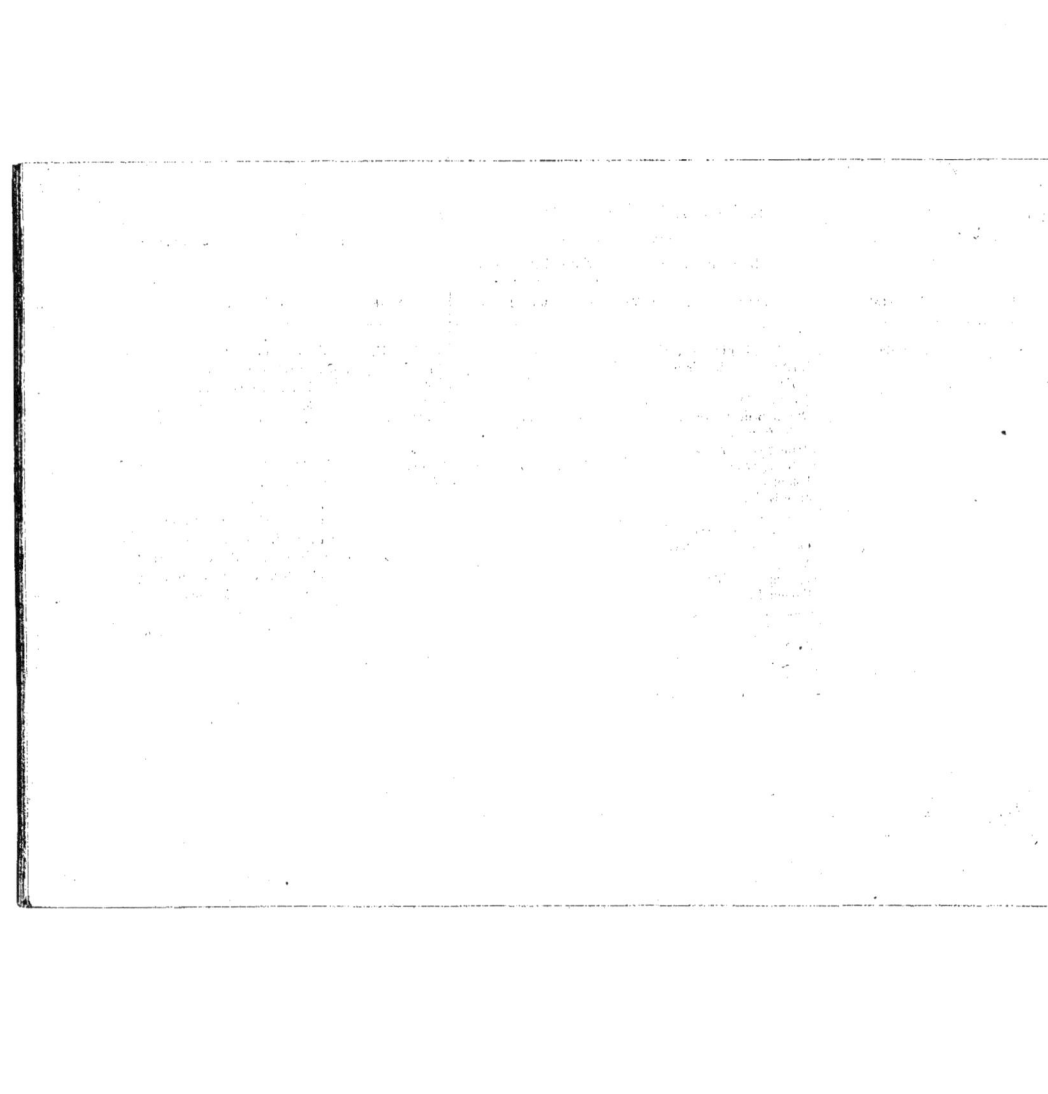

BRANCHES DE LANCASTRE ET D'YORK.

ÉDOUARD III.

Prince Noir.	Lionel, duc de Clarence.			Jean de Gand.	Edmond, duc d'York.	
Richard II, mort sans enfans.	Philippe, mère.			Henri IV usurpe la couronne sur Richard II.	Édouard, comte de Rutland.	Richard épouse Anne de Clarence.
	Edmond Mortimer.			Henri V. Clarence. Bedford. Gloucester. Henri VI, déposé par Édouard IV d'York.		Richard, tué à Wakefield.
	Roger.	Edmond.	Élisabeth.	Édouard, prince de Galles, massacré à Teukesbury.		Édouard IV.
	Edmond Mortimer et Anne, qui épousa le duc d'York.	Jean, qui fut décapité. Cade prétendait être son fils.	Philippe.			Édouard V, duc d'York. Élisabeth.

Henri VII, petit-fils de Catherine, femme de Henri V, réunit les deux Roses en épousant Élisabeth d'York, fille d'Édouard IV.

Les Lancastres étaient la Rose rouge et les Yorkistes la Rose blanche.

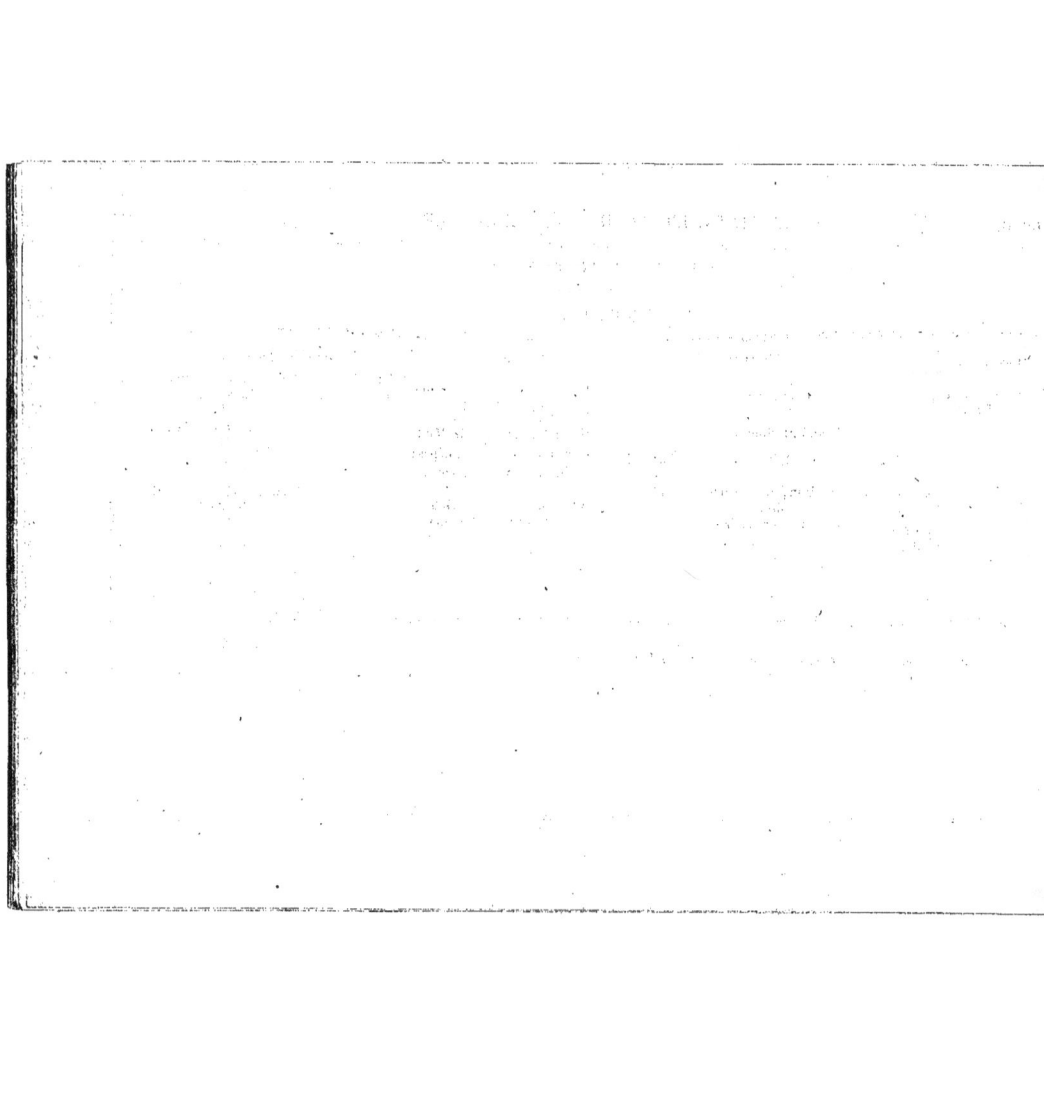

BRANCHE D'YORK.

ROIS.	REINES.	PERSONNAGES MARQUANS.	BATAILLES DE	GAGNÉES PAR	CONTRE.	FAITS DÉTACHÉS.
1461 Édouard IV. Son frère	Élisabeth Wideville, veuve de sir John Gray.	Le comte de Warwic. Charles VII. Louis XI. Paul II, Sixte IV, } papes. Bajazet II, emp. Turc. Frédéric III, empereur d'Allemagne. Olivier-le-Daim. Le comte d'Armagnac. Le prévôt Tristan. Charles-le-Téméraire, duc de Bourgogne.	Touton. Hedgley-More. Hexham. Edgecote. Elsingham. Barnet. Teukesbury.	Édouard IV. Édouard IV. Édouard IV. Warwic. Édouard IV. Édouard IV. Édouard IV.	Henri VI. Henri VI. Henri VI. Édouard IV. Warwic. Warwic. Marguerite d'Anjou	Marguerite, surprise par des voleurs, s'échappe de leurs mains et se confie avec son fils à un brigand qui la conduit à un port de mer, où elle s'embarque. Henri VI est fait prisonnier par Warwic, qui se brouille ensuite avec Edouard IV, et fait remonter Henri sur le trône. Édouard revient. Bat les Lancastriens à la bataille de Barnet où Warwic est tué, et reprend le sceptre. Fait prisonniers Marguerite et son fils qu'il assassine. Fait assassiner Henri VI dans la Tour. Le duc de Clarence, frère du roi, accusé de haute trahison, est condamné à mort. Il se noie dans un tonneau de vin de Malvoisie. Établissement de la poste aux lettres.

BRANCHE D'YORK.

ROIS.	REINES.	PERSONNAGES MARQUANS.	BATAILLES DE	GAGNÉES PAR	CONTRE	FAITS DÉTACHÉS.
1483 Édouard V.		Charles VIII. Lord Hastings. Duc de Buckingham. Jeanne Shore. Richard, duc de Gloucester. Christophe Colomb.				N'avait que douze ans à la mort de son père. Son oncle, le duc de Gloucester, s'empare de sa personne et se fait nommer protecteur. Force la reine-mère qui s'était réfugiée dans le sanctuaire de Westminster avec ses enfans, de lui remettre son fils le duc d'York, qu'il envoie à la Tour rejoindre son frère. Hastings est décapité à cause de son attachement au jeune roi. Le duc de Buckingham propose de nommer Gloucester roi. Après avoir feint de refuser, Gloucester accepte et se fait proclamer roi sous le nom de Richard III.
1483 Richard III.	Anne, fille du comte de Warwic.	Charles VIII. Jacques III, d'Écosse. Henri Richemond. Tirrel. Dighton. Forrest.	Bosworth.	Duc de Richemond.	Richard.	Tirrel, Dighton et Forrest étouffent les jeunes princes dans la Tour, par ordre de Richard. Le comte de de Richemond, fils de Marguerite, petite-fille de Jean de Gand, est élu roi par les mécontens. Richard est tué à la bataille de Bosworth, et Richemond est proclamé sous le nom de Henri VII.

LIGNE DE TUDOR.

ROIS.	REINES.	PERSONNAGES MARQUANS.	BATAILLES DE	GAGNÉES PAR	CONTRE.
1485 Henri VII.	Élisabeth, héritière d'York.	Charles VIII. Louis XII. Lambert Simnel. Perkin Warbec.	Stoke. Dixmude. Deptford.	Henri VII. Henri VII. Henri VII.	Simnel. Les Flamands. Perkin Warbec.

TABLEAU GÉNÉALOGIQUE DES DUCS DE RICHEMOND ET BUCKINGHAM.

ÉDOUARD III.

Jean de Lancastre épouse Catherine Swynford. — Thomas de Gloucester

Jean de Lancastre épouse Catherine Swynford.
- Jean, comte de Sommerset.
  - Catherine, veuve de Henri V. — Owen Tudor.
  - Jean, duc de Sommerset.
    - Marguerite, mariée à Edmond, comte de Richemond.
      - Henri, comte de Richemond.
  - Edmond, duc de Sommerset.
    - Henri et Edmond, ducs de Sommerset, morts sans postérité.
    - Marguerite.
    - Humphrey, comte de Staford.
      - Henri, duc de Buckingham.

Thomas de Gloucester
- Anne. Le comte de Staford.
  - Humphrey, duc de Buckinghan.

FAITS DÉTACHÉS.

Réunit les deux Roses en épousant Élisabeth. Simnel se fait passer pour le jeune comte de Warwick. Fait prisonnier par Henri, il obtient son pardon, et devient marmiton des cuisines du roi. Perkin Warbec se fait passer pour le jeune duc d'York, assassiné dans la Tour; il se réfugie près de Charles VIII, et ensuite chez Jacques IV, d'Écosse, dont il épouse la parente. Fait prisonnier par Henri, il est enfermé à la Tour, d'où il cherche à s'échapper avec Édouard Plantagenet, véritable comte de Warwic; ils sont tous deux décapités. Mariage de Jacques IV d'Écosse avec Marguerite, fille de Henri VII, et de son autre fille, Marie, avec le duc d'Orléans, qui devint ensuite Louis XII.

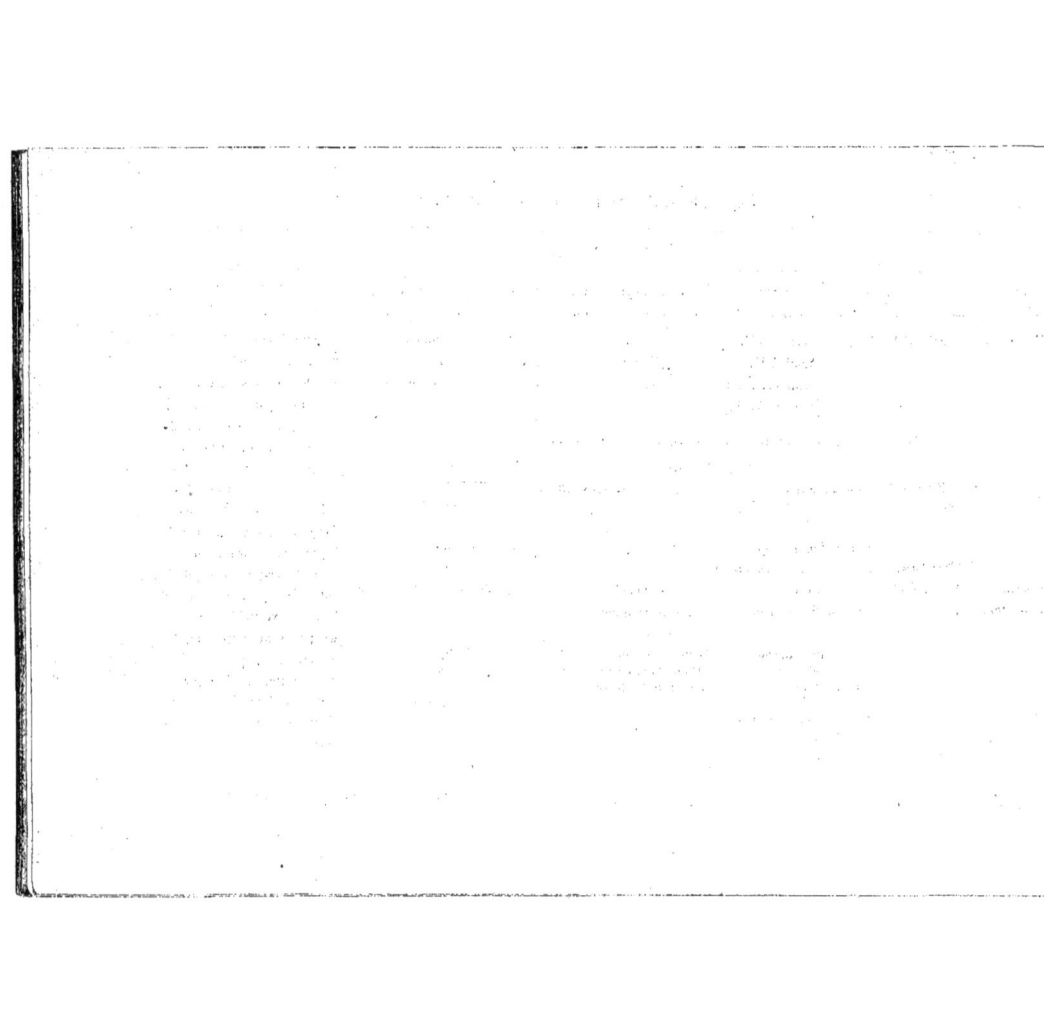

LIGNE DE TUDOR.						
ROIS.	REINES.	PERSONNAGES MARQUANS.	BATAILLES DE	GAGNÉES PAR	CONTRE.	FAITS DÉTACHÉS.
1509 Henri VIII.	Catherine d'Aragon. Anne de Boleyn. Jeanne Seymour. Anne de Clèves. Catherine Howard. Catherine Parr.	Louis XII. François Ier. Wolsey. Thomas Morus. Buckingham. Fisher, évêque de Rochester. Élisabeth Barton. Colepeper. Empson. Dudley. Derham. Charles-Quint. Bayard. Maximilien Ier, empereur d'Allemagne. Bajazet II, emp. turc. Selim Ier, emp. turc. Luther. Calvin.	Des Eperons. Flouden.	Henri VIII. Henri VIII.	Louis XII. Jacques IV, d'Écosse.	Empson et Dudley sont décapités. Jacques IV, roi d'Écosse, est tué à la bataille de Flouden. Buckingham est décapité. Invention de l'imprimerie. Le pape nomme Henri VIII défenseur de la foi. Il répudie Catherine pour épouser Anne de Boleyn. Maladie de transpiration. Élisabeth Barton, dit la sainte fille de Kent, Fisher, évêque de Rochester et le chancelier Thomas Morus sont exécutés. Henri VIII se sépare de l'Église romaine; il persécute les catholiques et les protestans. Anne de Boleyn est décapitée. Anne de Clèves répudiée. Jeanne Seymour meurt en couches. Catherine Howard, Colepeper et Derham sont décapités pour crime de lèse majesté. Catherine Parr lui survit.

LIGNE DE TUDOR.

ROIS.	ÉPOUSE.	PERSONNAGES MARQUANS.	BATAILLES DE	GAGNÉES PAR	CONTRE	FAITS DÉTACHÉS.
1547 Édouard VI.		Duc de Northumberland. François Ier. Henri II. John Knox. Duc de Sommerset. Soliman, emp. turc. Charles-Quint, empereur d'Allemagne. Philippe II, d'Espagne.	Pinkey.	Sommerset.	Arran.	Le duc de Sommerset, oncle du roi, est déclaré protecteur pendant la minorité du roi, à qui Cranmer, archevêque de Canterbury, persuade de changer la religion de l'État. Gardiner, évêque de Winchester réfute les doctrines de Cranmer. Persécution des catholiques. Sommerset accusé de haute trahison est décapité. Édouard meurt âgé de seize ans, laissant sa couronne à sa cousine lady Jeanne Gray.
1553 Marie.	Philippe d'Espagne.	Henri II. Cranmer. Latimer. Ridley. Jeanne Gray. Lord Guilfort Dudley. Gardiner. Northumberland. Suffolck.	Saint-Quentin. Calais.	Pembroke. Duc de Guise.	Henri II. Les Anglais.	Marie rétablit la religion catholique ; elle persécute les réformistes. Guerre civile. Jeanne Gray et son mari lord Guilfort Dudley sont décapités, ainsi que Cranmer, Latimer et Ridley qui sont brûlés. Marie perd Calais ; elle en a tant de regret, qu'elle disait qu'après sa mort on trouverait le nom de Calais écrit sur son cœur.

LIGNE DE TUDOR.		
REINES.	PERSONNAGES MARQUANS.	FAITS DÉTACHÉS.
1558 Élisabeth.	Henri II. François II. Charles IX. Henri III. Henri IV. Marie Stuart. Lord Darnley. Bothwel. Philippe II. Murray. Jacques VI, d'Écosse. Leicester. Essex. Drake. John Knox. Walter Raleigh.	Elle déclare la religion protestante religion de l'État. Persécute les catholiques. Fait des statuts sévères contre eux. Les Écossais embrassent la religion réformée. Paix de Cateau-Cambrésis. Marie Stuart épouse en secondes noces son cousin, lord Darnley. Elle lui donne un fils, qui fut Jacques VI. Darnley est assassiné. Bothwel fait prisonnière Marie Stuart et la force à l'épouser. Guerre civile en Écosse. Murray est nommé régent pendant la minorité de Jacques VI. Massacre de la Saint-Barthélemi. Le prince d'Orange est nommé stathouder. Marie Stuart est décapitée après avoir été retenue prisonnière par Élisabeth pendant huit ans, au château de Fotheringhay. Philippe II, roi d'Espagne, équipe une flotte pour conquérir l'Angleterre. *L'Armada* est détruite par une tempête. Élisabeth fait décapiter le comte d'Essex.

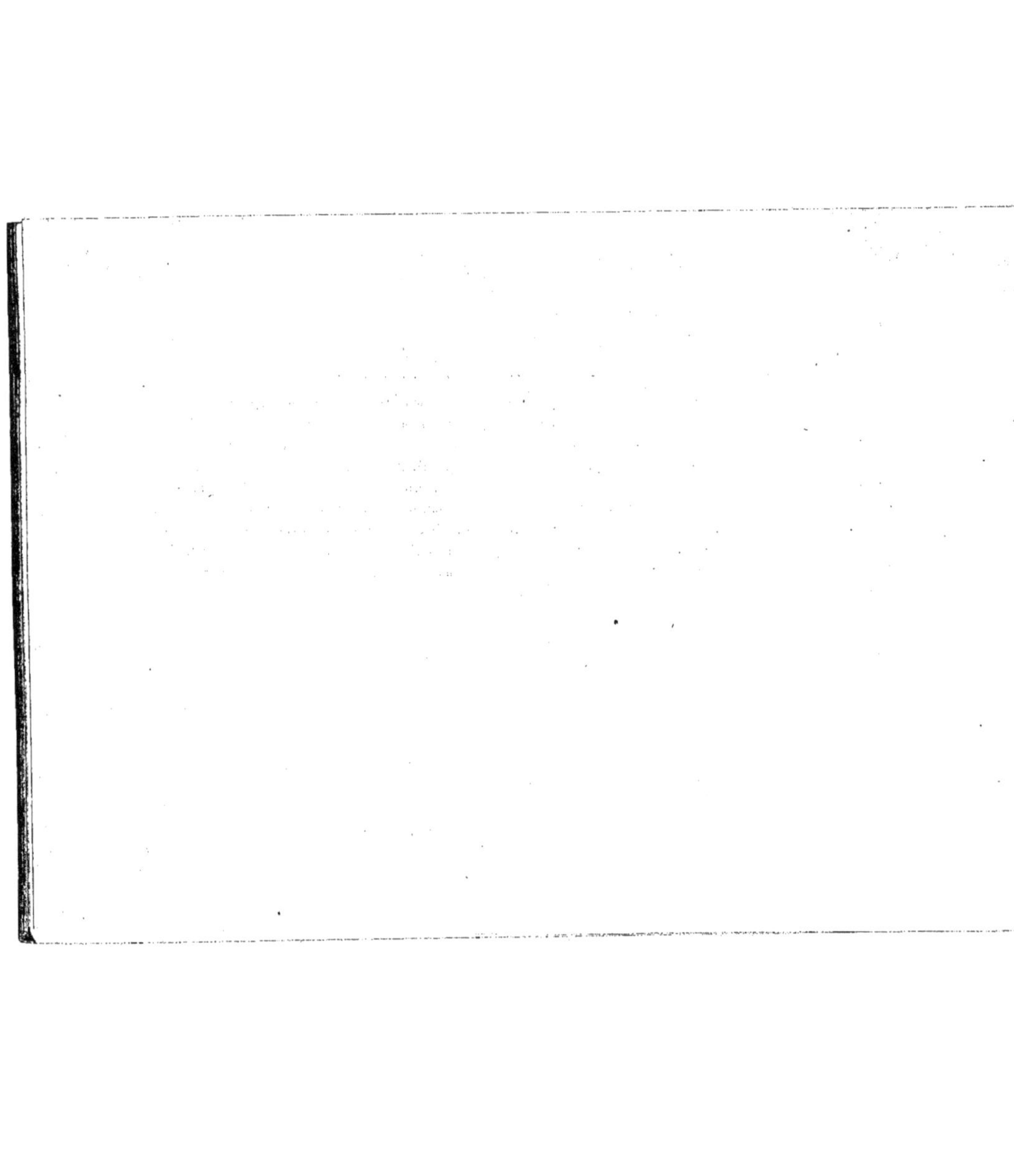

LIGNE DES STUARTS.			
ROIS.	REINES.	PERSONNAGES MARQUANS.	FAITS DÉTACHÉS.
1603 Jacques Ier.	Anne de Danemarck.	Henri IV. Louis XIII. Raleigh. Catesby. Garnet. Guy Fawkes. P. Monteagle. Sir T. Overbury. Sommerset. Bacon. Tyrone. Sixte-Quint, pape. Rodolphe II, empereur d'Allemagne.	Était fils de Marie Stuart et de lord Darnley. Choisi par Élisabeth pour lui succéder, il réunit l'Écosse à l'Angleterre. Il se trouvait Jacques VI d'Écosse, et fut Jacques Ier en Angleterre. Persécution des catholiques. Conspiration des poudres. Lord Monteagle, averti par son beau-frère, déjoue le plan des conspirateurs. Guy Fawkes, chef des conspirateurs, est exécuté. Sir T. Overbury est empoisonné par Sommerset et sa femme. Révolte en Irlande ; Tyrone, chef des révoltés, est proscrit. Sir Walter Raleigh est décapité.

LIGNE DES STUARTS.

ROIS.	REINES.	PERSONNAGES MARQUANS.	BATAILLES DE	GAGNÉES PAR	CONTRE	FAITS DÉTACHÉS.
1625 Charles Ier.	Henriette de France.	Louis XIII.	Edge-Hill.	Charles Ier.	Les révoltés.	Guerre civile entre Charles et son parlement. Buckingham, favori du roi, est assassiné par Felton à Portsmouth. Le roi a la faiblesse de signer l'arrêt de mort de Strafford. Le parlement fait décapiter l'archevêque Laud. On donne le nom de Têtes-Rondes aux rebelles et de Cavaliers aux royalistes. Charles est livré au parlement par les Écossais. Il s'enfuit de Hampton-Court. Il se confie au colonel Hammond, qui l'amène dans l'île de Wight et le retient prisonnier au château de Carisbroke. Le général Fairfax envoie Joyce, cornette dans les gardes du corps, qui s'empare du roi. Le parlement met le roi en jugement. Il est décapité.
		Louis XIV.	Brentford.	Charles Ier.	Les révoltés.	
		Lord Strafford.	Newbury.	Essex.	Charles Ier.	
		L'archevêque Laud.	Nantwick.	Fairfax.	Charles Ier.	
		Cromwell.	Marston.	Cromwell.	Charles Ier.	
		Buckingham.	Nazeby.	Cromwell.	Charles Ier.	
		Felton.	Kilsyth.	Montrose.	Les rebelles.	
		Pym.	Chester.	Les rebelles.	Charles Ier.	
		Hampden.	Sherburn.	Les rebelles.	Charles Ier.	
		Fairfax.	Preston.	Les rebelles.	Charles Ier.	
		Ireton.				
		Colonel Hammond.				
		Ben Johnson.				
		Clarendon.				
		Richelieu.				

RÉPUBLIQUE.

PERSONNAGES MARQUANS.	BATAILLES DE	GAGNÉES PAR	CONTRE	FAITS DÉTACHÉS.
1649 Interrègne.	Rethmines.	Les rebelles.	Charles II.	Charles II est proclamé en Écosse. L'Irlande se soulève en sa faveur. Les royalistes sont défaits à Rethmines. Cromwell est nommé général en chef de l'armée. Guerre civile. Montrose est exécuté par ordre du parlement. Après la bataille de Worcester, Charles est sauvé par la famille Pendwell. Il se cache dans un chêne avec le lord Wilmot. Mlle Lane le sauve en le faisant passer pour son domestique. Il s'échappe et débarque à Fécamp. L'Irlande et l'Écosse se soumettent aux Têtes-Rondes. Cromwell dissout le parlement Barebonne. La comtesse de Derby défend l'île de Man. Cromwell est nommé protecteur. Cromwell perd sa fille chérie, Élisabeth Claypole. Il meurt lui même peu après. Son fils Richard est nommé protecteur. Il abdique, et vit heureux dans sa retraite. Le Rump parlement. Le général Lambert le casse. Monk fait proclamer Charles II. Il reçoit le titre de duc d'Albemarle. La secte des quakers est formée par George Fox, apprenti cordonnier.
1653 Olivier Cromwell.	Dumbar.	Cromwell.	Charles II.	
D'Ormond.	Worcester.	Cromwell.	Charles II.	
Blake.	Portland.	Blake.	Van-Tromp.	
Van-Tromp.				
Fairfax.				
Ireton.				
Monk.				
Bradshaw.				
Les Pendwells.				
Lord Wilmot.				
Mlle Lane.				
S. H. Vane.				
1656 Richard Cromwell.				
Lilburn.				
Harvey découvre la circulation du sang.				
Milton fait son *Paradis perdu*.				

LIGNE DES STUARTS.

ROIS.	REINES.	PERSONNAGES MARQUANS.	FAITS DÉTACHÉS.
1660 Charles II.	Catherine de Portugal.	Louis XIV. Hyde, comte de Clarendon. Buckingham. Gustave-Adolphe.	Charles fait exécuter les régicides. Le duc d'York, frère du roi, épouse Anne Hyde. Peste de Londres. Incendie de cette ville. Clarendon est exilé et meurt à Rouen. Le capitaine Blood essaie de voler les joyaux de la couronne. Le duc d'York se convertit. Titus Oates accuse les catholiques de comploter contre le roi. Bill d'*Habeas corpus*, pour assurer la liberté individuelle. Les whigs et les torys; les premiers opposés à la cour, les seconds partisans du roi.
1685 Jacques II.	Anne Hyde. Marie de Modène.	Louis XIV. Duc de Monmouth. Guillaume Penn. Le colonel Kirke. Le juge Jefferies. Butler, Dryden, Otway. Temple, } écrivains.	Les quakers lui présentent une adresse de congratulation sur son avénement au trône. Guillaume Penn fonde la colonie de Pennsylvanie, en Amérique. L'infâme Oates est condamné à une prison perpétuelle. Conspiration de Monmouth pour détrôner son oncle; il est pris et exécuté. Le colonel Kirke et le juge Jefferies se rendent fameux par leur cruauté. Le roi est chassé pour sa religion. Il se réfugie près de Louis XIV.

LIGNE DES STUARS.

ROIS.	ÉPOUSE.	PERSONNAGES MARQUANS.	BATAILLES DE	GAGNÉES PAR	CONTRE	FAITS DÉTACHÉS.
1689 Guillaume III.	Marie, fille de Jacques II.	Louis XIV.	La Boyne.	Guillaume III.	Jacques II.	Banque d'Angleterre établie. Fait déclarer Jacques II déchu de la couronne. Révolte des Écossais et des Irlandais en faveur de Jacques II, qui perd la bataille de la Boyne, et revient mourir en France. Louis XIV reconnaît le fils de Jacques II roi d'Angleterre, sous le nom de Jacques III. Parlement triennal.
		Le chevalier de Saint-George, ou prétendant.	Steinkerque.	Louis XIV.	Guillaume III.	
			Neer-Winden.	Louis XIV.	Guillaume III.	
		Luxembourg.				
Sa belle-sœur		Condé.				
1702 Anne.	Le prince George de Danemarck.	Louis XIV.	Hoogstet.	Marlborough.	L'électeur de Bavière.	Elle déclare la guerre à la France. L'Écosse est réunie à l'Angleterre sous le nom de Grande-Bretagne. Disgrâce du duc de Marlborough. Harley, secrétaire du secrétaire d'état Saint-Jean, est assassiné pour lui. Compagnie du Sud.
		Marlborough.				
		L'amiral Benbow.	Ramillies.	Marlborough.	Louis XIV.	
Son petit-neveu		Berwick.	Almanza.	Mal Berwick.	Anne.	
			Malplaquet.	Anne.	Louis XIV.	
			Villa-Viciosa.	Vendôme.	Starenberg.	

LIGNE DE BRUNSWICK.

ROIS.	REINES.	PERSONNAGES MARQUANS.	BATAILLES DE	GAGNÉES PAR	CONTRE	FAITS DÉTACHÉS.
1714 George Ier. Son fils	Sophie de Brunswick.	Louis XV. Le comte de Mar. Robert Walpole. Addisson. Pope. Hume. Robertson.	Dumblaine.	George Ier.	Le Prétendant.	Marlborough devient en faveur. Guerre civile entre les whigs et les torys. Le comte de Nithsdale, royaliste, est condamné; sa femme lui sauve la vie. La durée du parlement est fixée à sept ans.
1727 George II. Son petit-fils.	Guilhelmine d'Anspach.	Louis XV. L'amiral Anson. Charles-Édouard. L'amiral Byng. Général Wolf. Lord Lovat. Lord Derwentwater. Flora Mac Donald.	Dettingen. Fontenoy. Preston-Pans. Falkirk. Culloden. Hastenbeck.	George II. Louis XV. Ch.-Édouard. Ch.-Édouard. George II. Louis XV.	Louis XV. George II. George II. George II. Ch.-Édouard. George II.	Cabales contre Robert Walpole; il donne sa démission de ministre; il est créé duc d'Oxford. Charles-Édouard, fils du prétendant, débarque en Écosse; il gagne plusieurs batailles; il perd la bataille de Culloden. Persécution des jacobites. Les lords Lovat et Derwentwater sont exécutés. Flora Mac Donald sauve le prince Édouard. Conquête du Canada. Mort du général Wolf. Exécution de l'amiral Byng.

LIGNE DE BRUNSWICK.						
ROIS.	REINES.	PERSONNAGES MARQUANS.	BATAILLES DE	GAGNÉES PAR	CONTRE	FAITS DÉTACHÉS.
1760 George III.	Charlotte de Mecklenbourg.	Louis XV.	Bunkers'Hill.	George III.	Américains.	L'Angleterre se rend maîtresse d'une grande partie des Indes. L'Amérique se sépare de l'Angleterre. Guerre entre les deux pays. L'Angleterre est obligée de reconnaître l'indépendance de l'Amérique. Lord George Gordon, à la tête d'une poignée de rebelles, brûle plusieurs églises catholiques. Ambassade de lord Mac Cartney en Chine. Mort de la princesse Amélie. Maladie mentale du roi. Son fils, le prince de Galle, est régent. Guerre avec la France. Troubles pour le bill du blé. Révolte à Manchester. Mort de la princesse Charlotte, fille du régent. Conspiration contre les ministres, à la tête de laquelle étaient Thistlewood, etc. Le colonel Fitz-Clarence arrête les conspirateurs dans un grenier. Premier voyage de Mungo Park en Afrique. Les parlemens d'Angleterre et d'Irlande réunis en un seul.
		Louis XVI.	Doyger-Bank.	Hyde Parker.	Hollandais.	
		Napoléon.	Trafalgar.	Nelson.	Français.	
		Wilkes.	Vittoria.	A. Wellesley.	Français.	
		Pitt.	Salamanque.	Wellesley.	Français.	
		Fox.	Waterloo.	Wellington.	Napoléon.	
		Washington.				
		Rodney.				
		Hood.				
		Bridpart.				
		Nelson.				
		Lord G. Gordon.				
		Hyde Parker.				
		Sir A. Wellesley.				
		Byron.				
		W. Scott.				
		Moore.				
		Sheridan.				

LIGNE DE BRUNSWICK.

ROIS.	REINES.	PERSONNAGES MARQUANS.	FAITS DÉTACHÉS.
1820 George IV. Son frère	Caroline de Brunswick. Wolfenbuch.	Princesse Charlotte. Wellington. Louis XVIII. Charles X. Canning. Castlereagh.	Le procès contre la reine Caroline cause de grands troubles. Elle meurt. Son enterrement est troublé par une émeute où plusieurs personnes perdent la vie.
1830 Guillaume IV. Sa nièce	Adélaïde.	Lord Hood. O'Connel. Louis-Philippe. Lord Grey.	Emancipation des catholiques. Traité de la quadruple alliance avec la France, l'Espagne et le Portugal. Réforme parlementaire. Abolition des bourgs pourris. Création du royaume de Belgique. Prise d'Anvers.
1836 Victoria.		Lord Russel. Lord Brougham. Lord Durham. Lord Melbourne.	Révolte du Canada.

BIBLIOTHEQUE NATIONALE DE FRANCE
3 7531 04426270 8

www.ingramcontent.com/pod-product-compliance
Lightning Source LLC
Chambersburg PA
CBHW072110170426
R18158300001B/R181583PG43191CBX00005B/9

* 9 7 8 2 0 1 1 3 3 0 9 6 3 *